KB067292

쫄지 않는
부모
빽 있는
아이

쫄지 않는
부모
빽 있는
아이

| 행복을 만드는 자녀양육 |

2023년 3월 3일 처음 펴냄

지은이 | 이키사회소통연구소
펴낸이 | 김영호
펴낸곳 | 도서출판 동연
등　록 | 제1-1383호(1992년 6월 12일)
주　소 | 서울시 마포구 월드컵로 163-3
전　화 | (02) 335-2630
팩　스 | (02) 335-2640
이메일 | yh4321@gmail.com
인스타그램 | https://www.instagram.com/dongyeon_press

ISBN 978-89-6447-859-2 03040

쫄지 않는 부모 빽 있는 아이

행복을 만드는 자녀양육

이키사회소통연구소 지음

동연

책머리에

2020년 한국의 합계 출산율은 0.84명, 2021년 0.81명, 2022년 3분기 0.79명으로, 0.8명대가 깨지고 0.7명대의 시대가 시작되었다. 3쌍이 결혼해서 2명의 아이가 태어나는 셈이다. 한 가정에 하나만 낳는다 해도, 아이를 낳지 않는 가정이 3분이 1이나 된다는 말이다. 이대로 간다면, 30년 안에 대한민국은 인구 부족으로 소멸할 위기에 처하게 된다.

아이를 낳지 않는 이유는 다양하다. 경제적으로는 양육비 부담과 집값의 상승, 높은 사교육비, 여성의 경력단절 등이 있고, 경제 외적으로는 혼외 자녀가 거의 없는 점, 부부 중심의 쾌락 추구 등등 다양하다. 그러나 그럼에도 그 원인을 한 가지로 제시할 수 있다. 자녀양육이 주는 이익의 가치가 상대적으로 저하되었기 때문이다.

물론 오늘날 대부분의 한국 젊은 남녀들은 "말도 안 돼, 자녀양육이 주는 이익이 있다고?" 되물을 것이다. 심지어, '자녀양육이란 고된 육체노동과 끔찍한 정신노동을 동반하여, 인간의 행복을 좀먹는 일거리'라고 생각하는 사람도 있을 것이다. 한마디로 '자녀양육이란 부모의 행복을 빼앗아 가는 일'인 것이다. 자녀양육이 '경제적 손실'을 감당해야 하는 '힘든 노동'이라는 생각이 광범위하게 퍼져 있는 것이 한국 사회의 현실이다.

자녀가 주는 이익은, 욕구의 충족이라는 점에서 크게 세 가지로 말할 수 있다. 첫째, 번식이라는 생물학적 본능의 욕구 충족이다. 모든 생물의 기본적인 본성은 안전, 먹이, 번식에 있다. 그중에도 번식은 생존의 목표가 되기 때문에, 가장 중요한 본성적 욕구라 하겠다. 둘째, 양육의 욕구이다. 양육은 본능적 욕구 충족은 물론, 최종적인 자아실현으로서 인생의 가장 높은 욕구이다. 셋째, 가족의 구성이 주는 사회적 안정이다. 인간은 강력한 사회적 본성을 통해 압도적으로 우월한 종이 되어 지구를 지배하고 있다. 인간은 6촌, 8촌의 가족을 이루어 사회적 능력을 높여 왔다. 아이를 낳는 일은 사회적 욕구를 충족시키는 출발점이다. 욕구의 충족으로 얻어지는 것이 '기쁨'이다. 그러므로 가장 강력한 이 세 가지의 욕구를 충족시키는 것은, 인간이 누릴 수 있는 가장 강력한 기쁨을 준다. 자녀양육의 기쁨이라는 이익은 돈으로 환산할 수 없는 정서적 가치를 가지는 것이다.

자녀양육으로만 얻어질 수 있는 이 세 가지 이익의 가치가 언제부터인가 '의도적으로' 또는 '정책적으로' 평가 절하되었고, 평가 절하된 내용의 교육을 오랜 시간 광범위하게 해왔기 때문에, 아이를 낳을 가치를 매우 낮게 평가하는 사람들로 가득한 사회가 되어 버린 것이다. 만일 자녀양육의 가치가 그 무엇을 주고서라도 얻을 만한 것이라면, 출산율이 저하되겠는가?

이 책은 '자녀양육은 인간에게 최고의 기쁨을 주는 가치를 지닌다'는 당연한 명제를 되살리는 데 그 목적이 있다. 아직은 자녀양육은 힘든 노동이라는 생각이 지배적이기 때문에, '어떻게 하면 자녀양육이 쉬울 수 있는가?'라는 해결책을 제시하는 데에 이 책의 가장 많은 분량을 할애해야 했다. 그리고 '어떻게 하면 자녀양육이 즐거울 수 있는가?', '어떻게 하면 자녀양육을 통해 행복한 삶을 만들 수 있는가?', '어떻게 하면 자녀양육을 통해 건강한 사회를 만들 수 있는가?'와 같은 중요한 문제들에 대해서는 상대적으로 간략하게 다루게 되었다. 그럼에도 불구하고 이 책을 읽는 분들이 '자녀양육은 인간에게 최고의 기쁨을 주는 가치를 지닌다'는 명제의 정당함을 조금이나마 느꼈으면 더 바람이 없겠다.

자녀양육을 통해서 행복한 삶과 건강한 사회를 만들 수 있다는 것에 의견을 함께한 사람들이, 그 뜻을 전하고자 이 책을 쓰게 되었다. 전주에서 자녀양육의 중요성을 인식하고, 다양한 경험을 쌓아 온 '우리모두 사회적협동조합', '학산종합사회복지관', '학산어린이집' 등이 함께 참여하였다. 특히 김병희, 조자영, 황은주(이상 학산종합사회복지관), 서진(학산어린이집) 등이 집필에 직접 참여하였다. 서울에서 이키사회소통연구소의 '자녀양육모임'을 20년간 이끌어 온 신정아, 박주은이 내용 정리와 편집에 도움을 주었다. 그 밖에도 전주에서, 서울에서, 우리와 자녀양육을 함께 해온 수많은 부모들이 있기 때문에 이 책이 나올 수 있었다. 이 책이 나오게 됨을 기뻐하며, 그 모든 분들께 큰 감사를 전한다.

2023년 설날
이키사회소통연구소장 조익표

| 차 례 |

2장 쉽고 즐거운 마을양육

3장 부모는 모르는 아이들 세상

1장

아이들이 키우는 아이

1

아, 독박육아!

사람들의 축복 속에 결혼하고, 좋은 인생을 꿈꾸며 신혼 생활을 시작한다. 얼마 지나지 않아 첫 아이를 낳게 되면 친지들의 축하를 받지만, 아이를 키울 생각에 마음은 가볍지 않다. 아이 키우기는 모든 것이 낯설고 어렵기만 하다. 한 번도 해보지 않았던 일이기 때문이다. 이 사람 저 사람의 조언과 도움을 받고, 이 책 저 책에서 지식을 얻기도 하고, 인터넷에서 양육에 관한 많은 이야기와 팁을 얻기도 하며 아이와 씨름하지만, 역시 처음 부닥뜨린 경험이라 미숙하고 어려움을 느낄 수밖에 없다.

그러니 인터넷을 비롯한 미디어에서 독박육아라는 말을 접하게 되는 것은 당연할 정도로 쉬운 일이다. '아이를 키우는 나의 어려움을 누가 알까?'라는 생각을 하며 아이와의 전쟁 같은 하루하루를 보내다 보면, 육아는 인생 최고의 난이도를 가진 일거리라는 부담으로 다가오

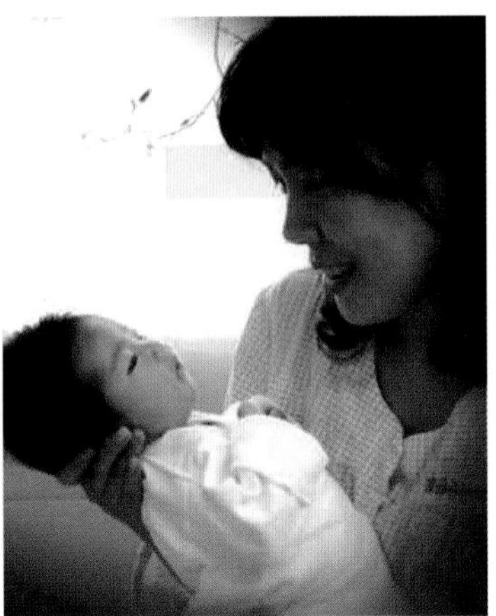

고, 독박육아라는 말에 공감을 하게 된다. 이런 상태에서 "아이를 키우는 일은 인생 최고의 기쁨입니다"라는 말을 누가 한다면 욕만 나올 것이다.

불과 100년 전에 한 집에서 낳아 키우는 아이의 수는 10명 정도였다. 1960년대 만 해도 다섯 남매는 보통이었다. 하나 키우는 것도 힘들어 허덕이는 요즘 엄마들의 입장에서는 말도 안 되는 일인 것이다. 도대체 그때 엄마들은 얼마나 대단한 능력을 가졌기에 그렇게 많은 아이들을 키울 수 있었을까? 단언컨대 요즘 엄마들이 느끼는 만큼 아이 키우는 일이 어려웠다면, 그 당시의 엄마들이 5-10명의 아이를 키울 수는 없었을 것이다. 아이 키우기가 그렇게 어렵다면 누가 그 많은 아이들을 낳겠는가? 하나를 키우면서도 독박육아를 외칠 정도로 어려운 일이라면, 5-10명을 키웠다가는 몸져눕던지, 정신병원 신세를 지던지 했을 것이다. 그런데 당시의 엄마들은 아이가 생기는 대로 잘 낳고, 잘만 키웠다는 것이 사실이다. 출산은 모든 사람이 축하하고 칭찬할 일이었고, 엄마의 어깨를 으쓱하게 하는 자랑이었다. 만일 아이 키우기가 그토록 힘들고 어려운 일이라면 축하만 할 일도 아니고, 어깨를 으쓱할 일도 아니었을 것이다. 오히려 엄마의 어깨는 축 늘어지고, 주위 사람들의 염려와 위로를 받아 마땅했을 것이다.

불과 100년 사이에 도대체 무슨 일이 있었기에 이렇게 되어 버렸을까? "옛날에는 아이들을 먹고 입히기만 하면 다 되었지만, 지금은 신경 쓸 것이 너무나 많기 때문에 아이 키우기가 어려운 것이다"라고 말하는 엄마들이 있다. 옛날 사람들은 아이의 장래는 생각지도 않고 무책임하게 낳아 놓기만 했다는 것이다. 그 말인즉슨, 요즘 엄마들은 아이의 장래를 책임지고자 하여, 그냥 키우기만 하는 것이 아니라 '훌륭하게' 키우려고 하기 때문에 육아의 난이도가 엄청 높고, 더욱이 많이 낳을 생각은 상상조차 못한다는 것이다. 그럴 리가 없지만, 졸지에 옛날 엄마들은 아이들에게 애정도 없는 무책임한 존재로 전락해 버렸다. 백번 양보해서 그렇다고 해보자. 아이들을 잘 먹이고 잘 입히는 것은 물론이고, 아이의 장래를 위해 조기교육, 품성교육, 인성교육 등 전인적인 교육에 매진하는 엄마가 얼마나 될까? 다들 그러고 싶은 의욕은 있겠지만 현실은 그렇지 않다. 아이 하나 제때 먹이고 재우고 입히는 일만으로도 어려워서, 전인교육은 꿈도 꾸지 못하는 경우가 훨씬 많다.

아이를 잘 먹이는 일은 중요하고도 쉽지 않은 일이다. 균형 잡힌 영양을 고려한 다양한 식단으로 맛있게 조리한 음식을 제공하여, 아이들을 편식하지 않고 건강하게 키우는 일이 쉽다고 생각하는가? 아이를 먹이는 일에 그렇게 신경 쓰는 엄마는 상상 이상으로 적다. 품성이나 인성 교육은 엄마 손에 많은 부분이 달려 있다. 과한 욕심을 조절할 줄 아는 아이, 떼쓰지 않는 아이, 어른을 존중하는 아이, 친구와 사이좋게 지내며 조금은 양보할 줄 아는 아이, 가정의 간단한 규칙을 이해하고 지키는 아이로 키우는 일은 대부분 엄마 손에 달려 있다. 여기까지 신경 쓸 여력이 있는 엄마도 거의 없다. 그저 아이와 큰소리로 싸우지만 않아도 만족하는 형편이다.

한때 아이의 기를 살린다는 육아법이 유행했었다. 아이의 기를 살리기 위해 아이의 말을 들어주고, 아이의 요구를 들어주고, 남에게 폐를 끼쳐도 그냥 두는(예를 들어 지하철 내에서 소리 지르며 뛰어다닌다거나, 신발을 신은 채 좌석에 올라가도 그냥 두는) 식의 육아법인데, 엄마가 편하기 때문에 아직까지 유행하고 있는 듯하다. 그래서 자기만 아는 아이로 키워진 경우가 너무나 많다. 자기만 아는 버릇없는 아이로 성장하면, 결국 나이를 먹을수록 엄마와 충돌하는 일이 많아지고 육아 난이도는 '헬' 수준이 될 것은 뻔한 이치다. 인터넷 카페에 자기 엄마, 아빠를 "그 X, 그 XX"라고 적어 놓은 학생들의 글을 보면 기가 막힌다. 부모가 자기에게 아무것도 해준 것이 없고, 아무 생각 없이 무책임하게 자기를 싸질렀다고 쓴 글도 이곳저곳에서 보이고, 공감하는 댓글도 제법 많이 달린다. 옛날 엄마들은 아이에게 무책임했기 때문에 육아가 쉬웠다고 말하는 요즘 엄마들에게 합당하게 돌아온 부메랑이다.

아이에게 실제로 조기교육을 시키는 가정은 그리 많지 않다. 비용이 많이 들기 때문이다. 비용 부담이 가능한 가정에서는 조기교육이 성공했을까? 조기교육 열풍이 사라진 중요한 까닭은 결과가 썩 좋지 않았기 때문이다. 조기교육이 맞지 않는 아이에게 억지로 시키는 바람에 아이와 엄마가 함께 부작용에 시달리는 일이 종종 있어 왔다. 현행 학교교육의 진도에 적합한 지능발달을 보이는 아이가 15% 정도에 불과하다는 통계를 보면, 조기교육이 가능한 지능발달을 보이는 아이는 얼마나 더 적을지 짐작이 간다. 사실 조기교육 시장은 교육 장사꾼들이 언론 광고를 통해 부모를 부추겨 만든 것이고, 따라서 대다수 아이들의 실패는 예정된 것이었다. 그렇다면 아이의 지능발달에 맞추어 제때 글공부를 시키는 엄마는 얼마나 될까? 매일 아이에게 이야기를 들려주거나 동화책을 읽어 주고, 글자를 가르치고 읽기를 가르치는 부모는 생각보다 적다. 따라서 조기교육이나 공부시킬 것이 많기 때문에 옛날보다 육아가 어렵다는 말도 사실과 다르다.

실제로는 국가보육 정책이 시행되면서, 어린이집에서 양육의 많은 부분을 담당하고 있다. 아이를 어린이집에 등원시키는 엄마들 중 전업주부의 숫자가 과반수를 차지한다. 아침부터 오후까지 7~8시간 정도의 양육을 어린이집이 부담해 주는 것이다. 그럼에도 불구하고 전업주부들의 입에서 독박육아라는 소리가 나오는 것은 기현상이다. 가까운 일본에도 어린이집이 있지만, 전업주부의 아이는 받지 않는다고 한다. 전업주부가 독박육아를 외치는 현실을 일본 엄마들은 어떻게 볼까? 어린이집도 없었던 옛날 엄마들이 독박육아를 외쳤어야 하는 것이 아닐까?

아이를 키우는 일은 100년 전이나 지금이나 크게 다르지 않은 것이 사실에 가깝다. 독박육아를 외치는 요즘 엄마들은 아이 키우기를 힘들고 어렵고 보람도 없는 짜증 나는 일로 여기니, 아이에게 정서적으로 좋은 영향을 끼칠 리가 없다. 오히려 옛날 엄마들은 아이 키우기를 자신의 보람으로 삼았으니, 아이에게 훨씬 좋은 정서적 영향을 끼쳤을 것이다.

아무렇지도 않게 쓰는 '독박육아'라는 말에는 위험이 도사리고 있다. 첫째, 아이를 키우는 일이 얼마나 중요한 일인지를 모르게 만든다. 아이 키우는 일을 독박육아라고 하니 누가 아이를 낳겠는가? 2020년 기준 우리나라의 출산율은 0.84명으로, 거꾸로 세계 최고인 200등을 기록했다. 국가의 가장 중요한 요소가 국민임을 생각할 때, 아이 키우기는 국가의 존망이 달려 있는 최고로 중요한 일이다. 세계적인 명사

일론 머스크는 "한국이 세계에서 가장 빠른 인구 붕괴를 겪고 있다"고 경고하면서 3세대 이내에 한국의 소멸을 예견했다.

둘째, 아이를 키우는 일이 자신의 인생에서 가장 가치 있고 큰 보람을 주는 일임을 모르게 만든다. 매슬로우가 인생 최고의 가치를 (직업을 통한) 자아실현이라 말했지만, 본인이 실토했듯이 아무 근거 없는 주장이다. 21세기의 인류학자들은 아이를 낳고 키우는 일이야말로 인생 최고의 가치요, 근본적인 자아실현이라는 과학적인 연구 결과를 제시했다. 독박육아라는 말은 아이를 키우는 경험을 통해 얻어지는 최고의 가치와 보람을 망가뜨린다. 아이 키우기야말로 최고의 자아실현이며, 따라서 부모에게 최고의 보람과 기쁨을 주는 일이다.

셋째, 아이에게 나쁜 영향을 미친다. 엄마가 아이 키우는 일을 힘든 노동으로 생각하니, 아이의 존재 자체가 힘든 노동이 되고 짜증의 시작이 된다. 아이가 받아야 할 사랑의 자리에 짜증이 자리 잡는다. 아이는 본인의 의지와 무관하게 천덕꾸러기가 되어 버리는 것이다. 아무리 어려도 영물인 인간이 이런 느낌을 모를 수 없다. 아이가 성장하여 부모에게 적대감을 품을 가능성은, 정서적으로 좋지 않은 환경에서 키워질 때부터 비롯된다.

2

아이 키우기가 어려워진 이유

인간은 사회적 동물이다. 이 말은 단순히 인간이 사회를 이루고 살아간다는 의미보다 훨씬 무게감이 있는 말이다. 포유류 중에도 사회를 이루는 동물은 많다. 물소도, 코끼리도, 늑대도, 사자도, 범고래도, 침팬지도 사회를 이루고 살아간다. 그러나 다른 동물과 비교할 때 개체의 육체적 능력이 현저히 떨어지는 인간이, 먹이사슬의 최고 위치를 차지하고 지구 전체를 지배하는 종이 된 것은 다름 아닌 사회적 능력 때문이다. 이 사회적 능력이 바로 인간과 다른 동물을 가르는 가장 큰 차이다. 사회적 능력에 관해서 인간은 다른 동물은 도저히 따라올 수도, 비교할 수도 없는 엄청난 괴력을 발휘한다. 이 괴력을 통해서 인간은 패왕으로 이 세상에 군림한다.

사회성의 핵심은 역할 분담의 카스트다. 동물의 진화 과정에서 사회적 능력은 네 번의 정점이 있었다. 첫째로 정점을 찍은 사회적 생물

이 고깔해파리다. 고깔해파리는 하나의 생명체로 보이지만, 각각 다른 역할을 분담하는 여러 개체가 모여 하나의 개체를 이룬 다형성 군체 생물이다. 말하자면, 하나의 개체를 이룬 사회에서 어떤 개체는 사냥을, 어떤 개체는 운동을, 어떤 개체는 소화를 담당하는 것이다. 둘째는 흰개미다. 흰개미 사회에서는 여왕개미, 왕개미, 병정개미, 일개미, 비생식개미 등 계급에 따라 맡은 역할이 다르다. 이들은 각각으로는 개체로서 존재하지만, 사실 흰개미 집단 전체가 하나의 군체로 생존한다. 셋째는 개미다. 여왕개미, 병정개미, 수개미, 일개미 등으로 계급에 따라 역할이 다르며 군체로 생존한다. 개미 한 마리를 죽인다 해도 군체가 살아 있다면 죽인 게 아니다. 사회적 능력으로 생존하는 종들은 개체가 아니라 군체로 존재하는 것이다.

마지막으로 나타난 것이 바로 인간이다. 사회 안에서 하나하나의 개체로서 인간이 가진 역할은 매우 다양하다. 다른 사회적 동물과 마찬가지로 먹거리 생산, 양육, 전투라는 기본적인 역할 뿐 아니라, 개개인의 역할은 사회의 규모가 커짐에 따라 고도로 정교화, 복잡화되었다. 인간 사회는 기본적으로는 분업 구조인데 그 직업이 정교화, 복잡화되어 엄청나게 다양하다. 큰 사회는 보다 작은 하위 사회로 조직되는 구조를 가지는데, 제국은 국가들로, 국가는 영지들로, 영지는 하위 패밀리들로 구성된다. 교통과 커뮤니케이션 시스템의 비약적인 발달로 인해서, 오늘날은 지구 전체를 하나의 인류 사회로 볼 수 있을 정도의 고도화된 조직 체계를 갖추고 있다. 개미 사회와 같이 역할에 따라 개체의 형태와 계급이 불변으로 고정된 것은 아니지만, 인간 사회

도 상당히 고정적인 계급 체계를 유지한다. 인간 사회 안에서 개인이 누리는 계급은 전쟁과 결혼 그리고 개인의 능력에 따라 약간은 유동적이지만 상당히 고정적인 편이며, 각각의 계급은 전체 인구에 대한 적정한 비율을 유지해 왔다. 대체로 상위 1%의 왕을 포함한 귀족계급, 다음이 20% 정도의 시민계급, 다음이 30% 정도의 서민계급, 다음이 50% 정도의 노예계급이다. 노예계급 중 최하위 10%는 불가촉천민으로 취급된다. 현대 사회는 법적으로 노예제도를 인정하지 않기 때문에 명목상 노예가 없을 뿐, 사실상 과거의 노예와 같은 경제적 대우를 받으며 노동하는 사람들이 하위 50%를 차지한다고 볼 수 있다. 인간의 사회적 능력은 엄청나게 많은 직업과 역할을 조직하고, 거의 변하지 않는 계급의 비율을 완성했다. 그렇게 인간은 지구를 지배하는 패왕으로 군림하게 되었다.

사회적 능력은 인간의 본능이다. 인간 활동의 대부분이 사회적 능력 안에서 이루어진다. 당연하게도, 아이 키우기 또한 사회적 능력 안에서 이루어지는 일이다. 양육은 가장 기본적인 사회적 역할 분담에 속한다. 크게 보아, 인간 사회에서 양육을 담당하는 것은 패밀리이다. 작게 보면, 패밀리 안에서도 양육에 관한 역할 분담이 있다(노예계급은 패밀리를 가질 수 없는 계급이기 때문에 양육은 최소화된다).

옛날 엄마들은 어떻게 열 명이나 되는 아이를 낳아 키울 수 있었을까? 농경 기반의 사회에서 패밀리는 6촌 이상의 규모를 갖춘 사회조직이다. 먹거리를 생산하는 농사를 담당하는 것은 주로 남자들이다. 젖먹이는 엄마가 먹이지만, 조금만 성장하면 여자들이 함께 만든 음

식을 먹는다. 교육에는 나이와 상관없이 모든 패밀리가 관여한다. 기본적인 생활양식은 엄마가, 보다 복잡한 생활양식은 손위의 어른들이, 다양한 생존 기술은 형제와 또래 친척들이, 생산 기술은 손위의 어른들이, 글공부는 손위의 남자들이 맡는 등 패밀리 전체가 양육에서 중요한 역할을 맡았다. 농사짓는 일은 많은 노동력을 필요로 했기 때문에, 패밀리가 커지면 한 마을을 이루고 씨족사회를 형성했다. 아이들은 패밀리와 마을을 통해서 성장했다. 배워야 할 대부분의 것들은 패밀리의 형제들과 마을의 또래 친구와 선후배들로 구성되는 연령 통합 놀이집단 속에서 습득했다. 놀이집단을 통해서 생산 능력, 생존 능력, 소통 능력, 사회 적응 및 사회 구성 능력, 리더십 등 일일이 열거하자면 그 목록이 끝이 없을 수많은 지식과 기술과 사상과 생각들을 습득했던 것이다. 옛날 엄마들은 이 패밀리 안에서 양육에 관한 역할 분담을 통해 열 명의 아이를 키울 수 있었다.

옛날에도 첫째 아이를 키우는 일이 가장 어려운 일이었다. 그것은 숙련되지 않은 엄마가 겪는 어려움이었다. 그러나 둘째가 되고 셋째가 되면, 엄마는 숙련되기 때문에 아이 키우기가 훨씬 쉬워졌다. 그리고 넷째가 태어나면, 대체로 첫째는 양육의 보조자가 된다. 아이를 먹이는 일이나 업어서 달래고 재우는 일 정도는 첫째가 훌륭하게 수행했다. 그 이후부터는 언니들이 동생들을 돌보고 함께 놀아 주며 가르치는 일이 물 흐르듯 진행되었다. 아이들이 가장 무서워하는 것은 엄마가 아니다. 아빠도 아니다. 맏이를 가장 무서워한다. 동생들에게 맏이의 권위는 하늘을 찔렀다. 그만큼 맏이는 동생들의 양육에 있어서 결코 두 번째 위치가 아니었다. 불과 70년 전인 1950년대 한국전쟁의 참화 속에서, 많은 아이들이 부모를 잃고 전쟁고아가 되었다. 여섯 살짜리 오빠가 세 살짜리 여동생을 돌보며 먹일 것을 구하러 다니는 일도 허다했다. 70년 전의 아이들은 패밀리를 통해 자신이 양육에서 맡은 일이 무엇인지를 잘 알고 있었기 때문이다. 패밀리가 소멸되어버린 오늘날, 여섯 살짜리 언니가 세 살짜리 동생을 먹이고 돌보는 일을 상상이나 할 수 있을까? 옛날 엄마들에게 열 명의 아이를 키우는 일은 쉬운 일이었다. 먼저 태어난 아이들이 육아의 주체로서 많은 역할을 담당했기 때문이다.

국가보육시스템으로서 어린이집이 정착되어 하루에 7~8시간의 양육을 분담함에도 불구하고, 요즘 엄마들이 아이 키우는 일을 어렵게 느끼는 이유는, 어린이집을 통한 양육 분담보다 패밀리 안에서의 양육 분담이 쉽기 때문이다. 특히 맞벌이의 경우에 양육의 어려움이 옛날보다 큰 것은 사실이다. 그 까닭을 요약하면, 첫째는 양육공동체로서의 패밀리가 전혀 없기 때문이다. 둘째는 양육의 전적인 조력자인 자녀들이 없기 때문이다. 셋째는 아이들이 배워야 할 수많은 것들을 배울 수 있는 양육공동체인 놀이집단이 사라졌기 때문이다. 한마디로 정리하자면, 아이를 키우는 자연스런 사회적 능력을 거의 전부 상실했기 때문이다.

3

21세기 한국의 양육 환경

과거에 양육을 담당했던 자연스런 역할 분담이 거의 망가져 버렸다. 양육공동체로서 패밀리의 해체는 부모의 양육 부담을 극적으로 증가시켰다. 6촌 규모의 패밀리는 씨가 말랐다. 4촌 규모의 작은 패밀리도 없다. 부모와 한두 자녀로 구성된 핵가족은 패밀리가 아니다. 핵가족은 양육의 역할 분담으로 전혀 기능할 수 없는 사회다. 자녀가 양육을 분담할 능력이 없으므로 기껏해야 엄마와 아빠의 역할 분담인데, 그것은 단지 돌봄 시간의 분담일 뿐 기능적 분담과는 거리가 멀다. 따라서 과거에 패밀리가 분담했던 품성교육, 생산교육, 사회성교육, 글공부 등 전인적인 교육을 부모가 부담해야 하지만 쉬운 일이 아니다. 양육공동체로서의 놀이집단이 거의 없어짐으로써, 아이에게 제공되는 양육의 질을 극적으로 감소시켰다. 패밀리의 형제들이 없더라도, 마을의 또래 친구와 선후배로 구성되는, 양육의 주체로서 연령 통합 놀이집단은 자취를 감추었다. 그에 따라 놀이집단에서 제공받던 수많은 배움의 기회 역시 사라졌다. 생산 능력, 생존 능력, 소통 능력, 사회 적응 및 사회 구성 능력, 리더십 등 일일이 열거하자면 그 목록이 끝이 없을 수많은 지식과 기술과 사상과 생각들을 습득할 기회가 원천적으로 봉쇄된 것이다. 특히 문제가 되는 것은 사회성의 결여이다. 부모 품에서만 자란 아이가 자기만 아는 독불장군이 되고, 사회성의 측면에서 미숙아가 될 가능성이 높은 것은 당연한 귀결이다.

이렇게 자연스런 양육공동체가 파괴된 것은 산업화의 결과이다. 농경 중심에서 탈피하여 경제성장을 위해 산업화가 가속되면서 정주성을 상실한 노동자를 양산하는 이농과 도시화가 촉진되었고, 이에 따라 양육공동체로서의 패밀리가 없어지고 양육공동체로서의 마을의 기능도 상실되었다.

자연스런 양육공동체가 없어졌기 때문에 핵가족 부모의 양육 부담은 엄청나게 커지고, 특히 맞벌이 핵가족의 경우에는 자력적인 양육이 불가능한 상태가 되었다. 양육 부담이 도시 노동자의 문제가 되고 점차로 큰 사회적 문제가 되면서, 안정적인 노동력의 확보를 위해 국가가 개입한다. 이런 배경에서 양육의 역할을 분담할 인위적인 기관으로서 어린이집이 제도적으로 확대되었다. 오늘날 어린이집은 국가 보육시스템으로 충분히 정착되었다.

6세 미만의 영유아를 오전 9시부터 오후 4~5시까지 어린이집이 위탁받아 양육한다. 부모가 하루에 활동하는 시간을 16시간, 아이의 활동 시간을 15시간으로 보았을 때, 그 절반인 8시간 정도까지 어린이집이 양육을 부담한다. 1970년대까지는, 3세 이하의 경우에는 엄마가 딱 붙어서 하루 종일 돌보았고, 3세가 지나면 밖에서 놀기도 하지만 집에서 글공부를 지도하는 일을 엄마가 주로 담당했는데, 현재는 아침 식사 이후의 놀이와 점심 식사와 간식 제공, 글공부 지도를 모두 어린이집에서 부담하고 있다. 맞벌이의 경우에는 부모의 노동 시간 전부를 부담하는 것은 아니기 때문에, 충분하지 않다고 할 수도 있다. 그러나 전업주부인 아빠나 엄마에게는 지나치게 충분한 시간이기 때문에, 전업주부에게는 매우 편하고 쉬운 양육시스템이다. 국가 보육시스템으로서 어린이집이 정착됨에 따라 부모가 아이를 돌보아야 하는 시간은 8시간으로 줄어들었고, 실제로 투여되는 양육 시간은 아주 길어야 3시간 정도일 뿐이다.

그렇다. 양육에 필요한 노동력의 분담은 분명히 성공적이다. 그러나 아이에게 제공되는 양육의 질을 확보하는 것도 성공적으로 수행되었을까? 가장 크게 차이가 나는 부분은 아이에 대한 애정이다. 양육공동체로서의 패밀리와 아이는 혈연관계이므로 아이에 대한 애정을 가지는 것은 당연하다. 그뿐만 아니라 패밀리의 성장을 위해서 아이는 가장 중요한 자원이자 열매이기 때문에 아이를 소중하고 귀한 존재로 인식하고 양육에 참여한다. 양육공동체로서 놀이집단은 또래 친구와 선후배로 구성되므로 아이를 좋아하는 바탕 위에 관계를 맺으며, 동일 집단의 구성원으로서 정체성이 같기 때문에 아이는 소중한 존재로서 참여하게 된다. 반면에 인위적인 양육시스템인 어린이집의 교사들에 의해 이루어지는 양육은 돈벌이를 위한 직업으로 수행되기 때문에 매뉴얼에 따라 아이를 대한다. 어떤 매뉴얼도 교사에게 애정을 강제적으로 생산할 수는 없다. 애정은 정서적인 영역이기 때문에 애정을 가진 척할 수는 있어도 실제로 애정이 생기게 하는 것

은 어려운 일이다. 아이를 좋아하는 사람이 보육교사를 하는 경우는 조금 나을 수 있지만, 보육교사는 하나의 직업이기 때문에 그렇지 않은 사람이 보육교사를 하는 경우를 막을 수는 없다. 물론 특별한 사명감과 아이를 소중한 존재로 애정을 가지고 양육하는 교사도 없지는 않겠지만, 그 숫자는 매우 미미하다고 하겠다. 두 번째로 차이가 나는 부분은 양육의 내용이다. 어린이집 양육의 중요한 목표는 8시간 동안 부모와 떨어진 아이를 무사히 돌보는 것이다. 교육 매뉴얼에 따라 아이에게 글공부와 같은 기능을 지도할 수는 있겠지만, 패밀리 안에서 실천적으로 이루어지던 품성교육, 생산교육, 사회성교육까지 기대하기는 힘들다. 어린이집에서 이루어지는 놀이 역시 마찬가지다. 마을의 놀이집단은 다양한 연령으로 이루어졌을 뿐 아니라 정해진 프로그램이 없었기 때문에, 생존 능력, 소통 능력, 사회 적응 및 사회 구성 능력, 리더십 등 일일이 열거할 수 없이 많은 지식과 기술과 사상과 생각들을 자유롭게 습득할 수 있었지만, 동일한 연령으로 구성되는 정형화된 어린이집의 놀이집단에서는 그 범위가 대폭 축소될 수밖에 없다. 특히 어린이집 매뉴얼에 따라 구성된 놀이 프로그램과 그것을 감독하는 교사로 구성된 놀이 시스템은, 어떤 프로그램도 없이 자기들끼리 그 자리에서 즉흥적으로 놀이를 만들어 즐기는 것과 같은 창의적인 성장은 기대하기 힘들다. 한마디로 아이에 대한 애정이 부족한 어린이집 시스템 안에서 사회적 존재로서의 아이가 어린 시절 습득해야 할 수많은 것들을 제대로 채우지 못한 채 양육되는 것이다.

국가보육시스템으로 자리 잡은 어린이집은 부모의 노동력을 차출하기 위한 산업화 시대의 어쩔 수 없는 선택이라는 항변에도 일리는 있다. 그러나 중요한 것은, 어린이집의 양육은 맞벌이 부부에게나 아이에게나 시간적으로도 질적으로도 부족함이 많다는 사실을 직시하고 보완하는 일이다. 21세기 한국의 양육 환경은 사회적 본능을 가진 인간으로서 아이가 습득해야 할 건강한 사회적 능력을 제대로 키우기 어려운 환경이다. 과한 욕심은 조절할 줄 아는 아이, 떼쓰지 않는 아이, 어른을 존중하는 아이, 친구와 사이좋게 지내며 조금은 양보할 줄 아는 아이, 가정의 간단한 규칙을 이해하고 지키는 아이를 만나는 것은 가뭄에 콩 나는 일이 되어 버렸다. 그 결과 핵가족 내에서 실현되는 아이와 부모라는 사회적 관계 역시 매끄럽지 않게 되었고, 그것이 고스란히 부모에게 양육의 어려움으로 돌아왔으며, 또 이것이 출산율 세계 최저라는 국가적 어려움에 일조를 했다고 하겠다. 그렇다면 21세기 오늘 우리의 양육 환경을 더 좋게 만들기 위해선 어떻게 해야 할까?

4

'양육 주체'로서의 '연령 통합 놀이집단' 만들기

생물학적으로 볼 때 개체수의 증가는 모든 생물 종의 가장 중요한 목표이다. 인간도 마찬가지다. 불과 몇백 년 전만 해도, 인구 증가와 고급 인력의 생산은 국가가 당면한 최고의 과제였다.

그런데 산업혁명 이후, 인간 사회는 문명의 비약적인 발전으로 인해 인구의 기하급수적인 증가를 걱정하는 최초의 생물 종이 되었다. 오히려 국가가 인구 문제에 개입하는 방식은 개체 수를 줄이는 방향으로 진행되었다. 아이의 숫자가 줄면 아이에게 투자하는 비용이 증가하고, 더 나은 양육 환경이 제공된다. 모든 아이에게 충분한 영양과 교육이 제공된다는 점에서, 현재 시행되는 보육 및 의무교육 시스템은 분명 좋은 환경임에 틀림없다.

그러나 아이러니하게도 마냥 좋아지기만 한 것이 아니다. 양육시스템의 외형만 보자면, 깨끗하고 냉난방이 잘 되는 좋은 건물, 영양을 고루 갖추어 제공되는 식사와 간식, 잘 교육된 교사, 교육학적 이론과 접목된 프로그램과 교구, 1인당 더 많은 돌봄이 제공되는 적은 인원의 학급 구성 등등. 외적으로는 좋아진 것처럼 보이지만, 아이들이 경험하는 실상은 조금 다르다. 옛날 아이들이 패밀리와 마을에서 자연스럽게 얻었던 수많은 능력을 더 이상 제공받지 못하는 것이다. 특히 사회적 본능을 가진 인간이 반드시 갖추어야 할 사회성의 결여는, 한 아이가 앞으로 행복한 인생을 누리는 데 치명적이다. 겉보기에는 화려하지만 알맹이는 빈약해진 격이다.

과거에 비해 무엇이 달라진 것일까? 앞서 언급한 바와 같이 6촌 패밀리에서 제공되던 가족애가 깃든 다양한 양육의 역할 분담과, 마을의 연령 통합 놀이집단에서 제공되던 우정이 깃든 다양한 즐거움을 누리는 창의적 교육이 사라진 것이다. 그렇다면 돌이킬 수 있을까? 이미 이렇게 성장하고 변화해 버린 사회구조를 돌이킬 수는 없을 것이다. 핵가족주의가 만연한 오늘날, 정주성 없는 노동 인구가 6촌 패밀리를 형성하는 것은 거의 불가능하다. 개인주의와 이기주의가 만연한 오늘날, 과거 양육을 분담하던 마을을 회복하는 일도 거의 불가능하다. 두 자녀도 낳지 않는 부모들의 밀착된 감독을 받는 아이가 놀이터에서 마음껏 노는 것조차 쉽지 않은 것이 현실이지 않은가?

결코 과거로 돌아갈 수는 없겠지만, 과거와 유사한 양육 환경을 만들 수만 있다면 노력할 가치가 충분하다. 그중에 과거의 마을에서 작동되던 연령 통합 놀이집단은 노력만 한다면 충분히 만들 수 있다. 그러므로 현재의 양육시스템과 접목할 수 있는 연령 통합 놀이집단을 형성하여 기능케 하는 일이야말로 가장 좋은 방법이다. 그렇다면 어떻게 만들 것인가?

첫째, 연령 통합 놀이집단의 기능과 의의에 찬성하는 부모들의 자녀를 모아야 한다. 아이의 발달 과정을 살펴볼 때, 사춘기에 접어들면 이미 신체적 · 정신적 차별화가 이루어지기 때문에, 제일 나이가 많으면 사춘기 이전의 아이들까지 통합할 수 있다. 아이가 부모와 떨어질 수 있고, 말을 하고, 스스로 먹고, 스스로 대소변을 가리고, 어느 정도 함께 어울려 놀 수 있는 신체적 · 정신적 능력이 있어야 하기 때문에, 대체로 36개월 이상은 되어야 통합할 수 있다. 이렇게 본다면, 한국 나이로 5~13살 정도까지 연령 통합 놀이집단을 형성할 수 있다.

둘째, 연령 통합 놀이집단이 또 하나의 육아 주체라는 점을 인정해야 한다. 육아의 주체는 누구인가? 물론 부모는 아이를 책임지는 최종적인 육아 주체이다. 그러나 부모만이 육아 주체라는 생각은 개인주의에 의해 잠식된 잘못된 주장이다. 과거는 물론 오늘날까지도 다양한 육아 주체가 있다. 하루에 7~8시간 육아를 담당하는 어린이집이 육아 주체가 아니라면 오히려 이상한 일이다. 어린이집, 유치원, 초등학교에 이르기까지 모두가 육아를 담당하는 주체로서 기능한다. 가장 광범위하게는 국가도 하나의 육아 주체라는 책임에서 벗어날 수 없다. 연령 통합 놀이집단은 그 자체로 친구와 선후배가 함께 묶여 있는 조직체다. 그 안에서 때때로 역할을 바꿔 가며, 다양한 리더와 구성원, 다양한 교사와 학생이 공존하는 다이나믹한 공동체이다. 이러한 다이나믹이 인위적인 교육기관으로는 도저히 충족될 수 없는, 사회적 성장을 위한 수많은 교육적 내용을 채워 주는 것이다. 연령 통합 놀이집단의 운영에 참여하는 교사나 부모의 역할은 최소화할수록 좋다. 예를 들자면, 아이의 안전을 제외한 모든 부분에서의 자유도를 최대한 보장함으로써, 연령 통합 놀이집단 내부에 존재하는 다이나믹을 활성화하는 것이다.

셋째, 연령 통합 놀이집단의 운영에 참여하는 교사와 부모의 연대가 필수적이다. 연령 통합 놀이집단에서 생성되는 다양한 프로그램을 지원하고, 다양한 의견을 검토 · 지원하는 것은 교사의 몫일 뿐 아니라 부모의 몫이기도 하다. 또한 연령 통합 놀이집단의 리더십을 적절히 양성하고 배분하는 일과 안전을 책임지는 일 등도 부모와 교사의 연대를 통해서 원활하게 진행될 수 있다. 다른 한편으로는, 지속적인

부모 교육을 통해 연령 통합 놀이집단의 기능을 제고하는 일도 필요하고, 부모의 개별적인 요청 사항을 연령 통합 놀이집단에 전달하여 지원하는 일도 필요하다. 그 외에도 여러 사항들이 있지만, 이상의 세 가지가 연령 통합 놀이집단 형성의 주요한 뼈대를 이룬다.

부모들이 연대하여 공동양육이라는 타이틀을 걸고 활동하는 많은 조직들이 있다. 그들의 핵심 이념은 부모들이 공동으로 주체가 되어 아이를 키운다는 것인데, 양육 품앗이 활동이라는 말이 더 어울린다고 생각한다. 다양한 프로그램을 운영할 수는 있겠지만, 역시 아이를 혼자 키우기는 어렵기 때문에 부모들이 함께함으로써 어려움을 덜고자 하는 것이 중요한 목적이기 때문이다. 이와 관련하여 어린이집과 부모가 연대하는 공동양육형 어린이집도 있는데, 역시 그 핵심은 양육의 편의를 위한 품앗이를 크게 벗어나지 않는다. 왜냐하면 여전히 어린이집과 부모가 육아의 주체이기 때문이다.

그러나 연령 통합 놀이집단을 운영함에 있어서 부모의 연대라는 것은 품앗이가 목적이 아니다. 오히려 양육 주체로서 연령 통합 놀이집단과의 연계를 위한 부모의 연대이기 때문이다. 1) 연령 통합 놀이집단, 2) 부모, 3) 어린이집이라는 세 가지 양육 주체가 서로 다른 역할과 기능을 담당함으로써, 공동으로 아이들의 양육에 참여한다는 개념이다. 이러한 점에서 연령 통합 놀이집단이라는 새로운 양육 주체를 형성하고 연대하여 함께 양육을 지원하는 일이야말로, 품앗이 양육이 아닌 진정한 의미에서 (다면적인) 공동양육이라고 하겠다.

5

연령 통합 양육과 새로운 개념의 마을 형성

본래 인간이 형성한 사회가 가지는 가장 기본적인 역할 분담은 안전을 위한 전투, 먹거리를 위한 생산, 종족 확장을 위한 양육이 기본이다. 전투, 생산, 양육이라는 생물학적 구심력을 기반으로 하여 인간 사회가 형성되었다는 말이다. 인간 사회의 기본적인 단위는 패밀리이며, 몇 개의 패밀리가 모여 마을을 형성하였다. 우리가 만드는 연령 통합 놀이집단은 그 근본이 마을 안에서 형성되는 양육의 역할 분담이었기 때문에 마을과 깊은 관계가 있다.

마을에 주목해 보자. 농경 시대의 마을은 강력한 유대를 가지는 하나의 공동체였다. 마을의 유대를 형성하는 구심력의 핵심은 분명히 농업 생산이었다. 그런데 농업 생산만으로 끈끈한 유대를 만든 것은 아니었다. 마을은 다양한 잔치를 함께했다. 백일잔치, 돌잔치, 혼인잔치 등 각종 명목의 경사 때마다 잔치를 함께했고, 누가 죽으면 함께 위로하고 슬퍼하는 상례도 함께했으며, 농사와 관련된 다양한 절기마다 잔치를 함께했다. 농사와 관련된 품앗이 외에도 청소, 이사, 김장 등등, 일상생활의 다양한 이벤트마다 품앗이로 함께했다. 그중에서도 아이들의 유대를 통해 이루어지는 어른들의 유대는 빼놓을 수 없다. 아이를 함께 키우며 자연스럽게 만나는 부모들 간의 상호 지원적 관계는 물론이고, 마을 안의 연령 통합 놀이집단의 친구, 선후배 간의 상호 교류와 방문, 생일잔치 등을 통한 아이들과 어른들의 관계는 끈끈하게 형성된다. 마을 안의 같은 놀이집단에 속한 아이들이 서로의 부모를 '아버지', '어머니'라고 부르며 혈연적 유대감을 확장하는 일은 흔했다.

패밀리가 소멸되고 전통적인 마을도 없어진, 도시화된 현대 산업사회, 낱낱의 핵가족으로 원자화되어 개인주의가 기본 가치를 형성하

고, 이기적 개인주의조차 보호해야 한다는 주장이 지지를 받는 세상이 되었다. 고향, 죽마고우, 이웃사촌 등의 낱말은 이미 그 근거를 상실한 고어가 되었다. "이기적 개인주의도 보호하자." 얼핏 듣기는 좋은 소리지만, 인간 소외의 문제는 점차로 커져만 간다. 개인주의가 만들어 낸, 뿔뿔이 흩어진 개개인이 자신의 삶에서 직면하는 고독은 그저 외로움이 아니다. 전통적인 패밀리나 마을에서 형성되는 친밀한 인간관계는 사라지고, 상호 이익에 기반한 거래적 인간관계만 남게 되었다. 자식도 아내도 친구도 돌아서면 남이 되고 적이 될 수 있는 각박한 현대 도시인의 삶 속에서, 세상에 나밖에 없다는 자각이 가져오는 고독이다. 개인의 삶이 곤경에 처했을 때 지지할 수 있는 이웃도 패밀리도 없다는 불안감이 만들어 내는 근본 소외다. 이 소외는 사회적 본능을 가진 인간이 사회적 능력을 계발하거나 사용하지 못해서, 자신의 사회적 본성의 욕구를 충족하지 못해서 생기는 당연한 불안이다.

21세기 들어 국가적으로 '마을만들기'라는 타이틀을 건 많은 사업이 지방자치단체를 통해 실행되었다. 전통적인 마을에서는 저절로 제공되었으나, 개인 단위로 원자화된 산업사회의 도시에서는 제공하지 못하는, 유대감, 소속감, 안정감 등을 약간이라도 제공함으로써 소외를 줄이고 삶의 질을 향상시키려는 좋은 시도로 보인다. 그런데 수많은 재원이 투입된 마을만들기 사업은 대체로 실패한 것으로 보인다. 왜냐하면 대부분의 마을만들기 사업이 수익을 창출하는 생산을 구심점으로 활용했고, 따라서 마을만들기 사업도 상호 이익을 위한 거래적 관계를 벗어나지 못했기 때문이다.

그렇다면 무엇을 구심점으로 마을을 형성할 것인가? 전투를 중심으로 형성한다면 이미 군대와 경찰 조직이 있다. 생산을 중심으로 형성한다면 이미 수많은 기업들이 있다. 양육을 중심으로 형성한다면 이미 제도화된 보육과 교육 시스템이 있다.

그런데 우리는 연령 통합 놀이집단을 형성하여, 제도화된 보육과 교육 시스템이 결여하고 있는 전통적 마을의 양육적 기능을 되살리고자 한다. 이것이 핵심이다. 이미 제도화된 보육과 교육 시스템을 구심점으로 하면 전통적 마을을 형성할 수 없겠지만, 연령 통합 놀이집단을 구심점으로 하면 육아 기능을 담당하는 최소한의 전통적 마을을 형성할 수 있을 것이라는 전망이다.

앞서 언급했듯이, 연령 통합 놀이집단 형성에서 교사와 부모의 연대는 필수적이다. 따라서 마을을 형성하는 인적 자원은 다음과 같다. 연령 통합 놀이집단에 속한 아이들, 그 아이들의 부모들, 그리고 교사들의 세 그룹이다. 양육 주체로서의 놀이집단은 근본적으로 아이들의 공동체이기 때문에, 세 그룹의 상호 관계를 애정이 있는 끈끈한 유대로 이끌 뿐 아니라, 각각의 그룹에 속한 성원들의 관계도 끈끈한 유대로 이끈다. 각각 양육 주체로서의 이 세 그룹은 놀이집단을 중심으로 형성되는 새로운 마을이다. 무엇이 새로운가? 전통적 마을과는 달리, 생산이 없이 양육을 중심으로 하기 때문이다. 무엇이 새로운가? 전통적 마을과는 달리, 지역이 아니라 인간관계를 중심으로 하기 때문이다.

이렇게 형성된 마을은 양육적 기능 외에도 다양한 역할을 하게 될 것이다. 첫째, 이 마을이 가지게 되는 사회적 능력에 따라 마을의 규

범과 문화를 형성한다. 아이들을 중심으로 형성되는 사회적 도덕성은 그들뿐 아니라 교사들과 부모들에게도 훌륭한 규범적 가치를 요구함으로써, 규범적으로 안정적인 마을을 형성한다. 둘째, 이 마을에 속한 사람들에게, 단단한 소속감과 끈끈한 유대감, 그리고 정서적 안정감을 제공한다. 아이들의 공동체를 통해서 생성되는 소속감과 유대는 상호 거래적인 인간관계를 상당히 해소할 수 있다. 그 대신 상호 친밀감을 바탕으로 서로를 지지하는 인간관계망을 형성함으로써 강력한 소속감과 정서적 안정감을 주게 된다. 셋째, 이 마을은 즐겁다. 아이들은 웃고 떠들고 노는 것이 당연한 일이다. 어른들의 근심이 그들에게는 없다. 양육 주체로서 기능하는 아이들의 공동체를 보는 것만으로도 인생의 큰 낙이 된다. 또한 그들을 함께 지원하는 것은 인생의 큰 보람이 된다. 생물의 목적은 번식이며, 따라서 번식에 관계된 모든 과정은 근본욕구를 충족하는 본능적 쾌락을 준다. 이렇게 아이들을 양육하는 일은 인간의 본능과 관계된 욕구이며, 본능적 쾌락을 제공하는 일이다. 인간은 사회적 본능 때문에 꼭 자신의 아이가 아니더라도,

충분히 양육을 통해서 즐거움을 얻을 수 있는 능력이 있다. 그러므로 이 마을의 놀이집단을 중심으로 완성되는 양육 과정에 참여하는 일이 본능적 욕구를 충족하는 즐거움을 주는 것은 당연하다. 넷째, 이 마을은 소속감과 안정감을 제공하는 고향으로 기능한다. 조금은 멀게 느껴질 10년, 20년 후를 내다보면, 이 마을에서 성장한 아이들이 같은 시기에 연령 통합 놀이집단에 속했던 친구, 선후배들과 끈끈한 정을 교류할 것이다. 그들은 서로에게 죽마고우의 정과 이웃사촌의 느낌을 가질 것이다. 그뿐만 아니라, 이 마을에 속한 어른들(교사와 부모)과 지속적으로 교류하는 아이들도 있을 것이다. 이렇게 10년, 20년 후에도 이 마을은 고향으로 기능하게 될 것이다. 이 마을은 지역이 아니라 인간관계가 실체인 마을이기 때문이다. 다섯째, 개인주의적이고 이기적인 사회가 지불해야 하는 사회적 비용을 현저히 줄일 것이다. 사회적 능력을 계발하지 못하고 자란 아이들은 결국 상호 협력적 도덕성에 취약하기 마련이다. 이러한 규범적 약화는 범죄, 생산성 저하 등을 비롯한 온갖 사회적 문제의 바탕이 된다. 그러나 연령 통합 놀이집단과 이것을 중심으로 하는 마을 안에서 사회적 규범을 형성하고 체득하며 자란 아이들은, 상대적으로 높은 사회적 능력을 계발하게 됨으로써 막대한 사회적 비용을 줄일 수 있게 된다.

6

양육 주체로서 연령 통합 놀이집단의 사례

1) '이키사회소통연구소'의 '자녀양육모임'

(1) 연령 통합 놀이집단의 형성 과정

2003년 서울에 소재한 '이키사회소통연구소'는, 마을의 양육 기능을 재현하여 양육과 교육 시스템을 보완할 목적으로, 연령 통합 놀이집단을 형성하기로 했다. 먼저 2003년 초여름부터 만 3세 이상에서 초등학교 6학년까지의 자녀를 둔 부모들을 모집하여 16주에 걸쳐 양육에 관한 전반적인 교육을 시행하고, 그들을 바탕으로 2004년에 '자녀양육모임'이라는 이름 아래 5세에서 13세의 자녀들로 구성된 연령 통합 놀이집단을 결성하였다. 핵심 목표는 연령 통합 놀이집단을 양육 주체로서 기능하도록 하는 것과 아울러 또 다른 양육 주체인 부모들과 공동으로 양육을 담당하는 것이었다.

자기 자식이 좋은 직업을 가지고 편한 인생을 살기를 바라는 부모의 마음은 당연하지만, 그것이 학교 공부를 잘해야만 이루어지는 것은 아니다. 그러나 거의 모든 부모가 좋은 대학에 진학하는 것을 양육의 최종 목표로 하여 학교 성적에 매몰되어 있기 때문에, 아이들이 마음껏 뛰어놀기란 쉽지 않다. 특히 교육열이 가장 높다는 서울에서는 더욱 그렇다. 연령 통합 놀이집단의 형성에서 부딪치는 가장 큰 문제는 바로 교육열이다. 학교 공부를 이유로 초등학교 아이들의 놀이집단 참여가 어렵기 때문이다. 부모들은 학교 수업을 마친 후 아이가 집에서도 공부를 하기를 바라고, 추가로 과외를 받는 경우도 많기 때문에 놀이집단 참여를 꺼렸다. 따라서 과도한 교육열을 합리적으로 순화하여 아이들이 마음껏 뛰어놀 수 있는 시공간을 조성하는 일은 가

장 먼저 착수해야 할 일이었다. 이것은 부모들을 교육하고 설득해야 하는 일이기도 했다.

세 가지의 핵심 사항을 통해서 부모들을 교육하고 설득하였다. 첫째는 한국의 공교육과 자녀들의 관계에 대한 객관적 이해다. 한국의 공교육은 공장식 컨베이어 벨트 교육 과정이다. 특히 학교교육은 매년 한 단계씩 높아지는 과정으로 구성되어 있다. 그러나 아쉽게도 아이들의 인지 발달 과정은 매년 한 단계씩 기계적으로 높아지는 것이 아니다. 연구에 따르면, 컨베이어 벨트식 교육에 적합한 아이들은 전체의 15%를 약간 웃도는 정도에 불과하다. 6명 중 1명 정도만 적합한 것이다. 한국의 공교육은 대다수를 차지하는 85%를 들러리로 만드는 기계적 과정인 것이다. 소수의 적합한 아이들은 과외 없이도 학업 성적이 우수하다. 다수의 부적합한 아이들은 능력이 따르지 않기 때문에 과외 공부에도 적합하지 않다. 사실 과외는 적합과 부적합의 경계에 있는 10%의 아이들에게만 효율적이다. 그러므로 모두 과외를 시킨다면, 90%의 대다수 아이들은 괴로울 뿐이고 그것을 억지로 진행하며 지켜보는 부모들도 괴로울 뿐이다. 둘째는 아이의 사회적 능력 계발이다. 사회적 능력은 사회 안에서 계발된다. 학교에서는 하나의 학급이 일종의 기초 사회이지만, 학생들이 주체가 되어 목표를 향한 협력과 리더십을 발휘하는 사회가 아니라, 학교가 주체가 되어 통제하는 사회이다. 그 학급 안에서 형성되는 작은 그룹들은 동등한 친구 관계이기 때문에 이끌고 돌보는 리더십이나, 따르고 협력하는 도덕적 팀워크가 일정하게 형성되기는 쉽지 않고 강도도 약하다.

그뿐만 아니라, 학교의 목적이 교과 과정의 습득으로 개개인의 글공부에 치중되어 있기 때문에, 사회적 능력의 계발은 상대적으로 소홀할 수밖에 없다. 그 결과 자기만 아는 이기적인 인격을 벗어나기 어려운 것이다. 이러한 학교 사회에 반하여, 연령 통합 놀이집단은 주체적인 역량을 발휘할 수 있도록 지원받는 사회이다.

놀이집단에서 창의적으로 제시되는 목표를 수행하는 협력과 리더십을 통한 팀워크의 향상은 구성원 개개인의 사회적 능력 계발에 최적화된다. 그 안에서는 형, 누나, 오빠, 동생들이 함께 같은 목표를 수행하기 때문에, 이끌고 돌보는 리더십, 따르고 협력하는 도덕적 품성이 저절로 키워진다. 연령 통합 놀이집단의 다이나믹은 창의적이고 다양한 놀이의 시공간 속에서 극적으로 발휘된다. 그 안에서 생존 능

력, 소통 능력, 사회 적응 및 사회 구성 능력, 리더십과 협력적 팀워크가 키워지고, 구성원 상호 간의 교류는 수많은 지식과 기술과 사상과 생각들을 자연스럽고 자유롭게 습득하도록 한다. 놀이집단의 경험은 부모집단과의 교류에도 직접적인 영향을 끼친다. 가정을 하나의 팀으로 이해하도록 하고, 리더인 부모에 대한 존중과 부모를 따르는 협력적 도덕성으로 귀결된다. 이러한 사회적 능력의 계발은 구성원 개개인의 인격 형성에 큰 영향을 미친다. 과한 욕심은 조절할 줄 아는 아이, 떼쓰지 않는 아이, 어른을 존중하는 아이, 친구와 사이좋게 지내며 조금은 양보할 줄 아는 아이, 가정의 간단한 규칙을 이해하고 지키는 아이로 성장하는 것이다.

셋째는 지금 여기서 누리는 아이들의 행복이다. 학교교육을 따라가기 힘든 대다수의 아이들은 부모와 선생님의 시선이 부담스럽다.

그들에게 중요한 시공간은 수업 시간이 아니라 노는 시간으로 구성된다. 학교가 끝나도 과외에 시달리고, 집에 와서도 글공부를 독려하는 부모의 시선이 불편하다. 글공부를 재미있게 느끼는 아이는 글공부를 지원하면 된다. 그러나 부모가 글공부를 지원하고 본인도 노력하지만, 재미를 느끼지 못하는 아이들이 더 많다. 부모가 아이들이 함께 어울려 뛰어노는 일을 가치 있게 느낀다면, 그에 맞게 글공부를 최소화하고 뛰어노는 것을 허용하는 태도를 가질 것이다. 이런 환경에서 자라는 아이의 행복도가 높아지는 것은 당연한 일이다. 행복한 시간이 많아질수록 아이의 자존감과 만족감은 높아질 것이며, 통 크고, 당당하고, 밝은 인격으로 성장하게 될 것이다. 가능성이 낮은 먼 미래의 성공을 위하여, 아이가 누릴 수 있는 현재의 행복을 포기하는 것이 옳겠는가?

(2) 부모가 지도해야 하는 일

이러한 교육과 설득 과정을 거쳐서, 부모가 아이에게 제공해야 하는 최소한의 글공부 범위가 정해졌다. 1) 책 읽기. 독서는 아이가 세계를 접하는 중요한 창이다. 아이는 지적 성장과 함께 세계에 대한 호기심도 커지게 되는데, 독서는 그 호기심을 이해로 전환하는 가장 중요한 자원이다. 어릴 때부터 꾸준한 독서를 통해 문해력이 증가하고, 다양한 사건과 역사를 포함하는 세계에 대한 합리적 접근 능력이, 또 자연과 인간에 대한 이해력이 증진된다. 한마디로 교양 있는 인간으

로 성장하는 것이다. 아이의 성장에 따라, 부모가 아이에게 책을 읽어 주는 단계, 글자 읽기를 가르쳐 아이가 직접 책을 읽는 단계, 글쓰기를 가르쳐 아이가 책을 읽고 간단한 요약과 느낌을 적는 단계, 단계를 높여 가며 아이가 다양한 분야의 책을 다독하고 독서록을 작성하는 단계 등으로 독서를 지도한다. 2) 숫자 계산하기. 언어에는 두 가지가 있다. 하나는 일반 언어이고, 다른 하나는 숫자 언어이다. 숫자는 우주의 기초를 이루는 언어이다. 숫자는 일반 언어와 같이 일상적으로 사용하지 않기 때문에, 따로 시간을 내어 익혀야 하는 언어이다. 제일 중요한 것은, 꾸준한 숫자 계산을 통해서 숫자와 친해지는 것이다. 21세기는 자연과학이 인류의 일상을 지배하는 기초가 되었기 때문에, 자연과학의 근본을 이루는 숫자 언어의 세계를 이해하는 일은 매우 중요한 교양이 된다.

글공부 외에 부모가 아이를 지도해야 하는 두 가지도 정했다. 1) 튼튼한 몸 만들기. 우리는 모든 삶을 몸으로 살아간다. 공부도, 일도 몸으로 하는 것이다. 그런데 튼튼한 몸을 만들기 위해 제공되는 학교 체육은 불충분하다. 그렇다고 서울이라는 도시에서는 뛰어놀 시간도, 공간도 충분하지 않기 때문에, 신체를 단련하는 일은 부모가 챙겨야 하는 것이다. 그러므로 부모는 아이의 체력을 키우는 운동—태권도, 수영, 스케이팅 등등—을 필수적으로 제공하고 꾸준히 하도록 지도해야 한다.

2) 집안일 하기. 비록 숫자가 매우 적은 핵가족이기는 하지만, 가정은 아이에게 1차적인 사회이다. 아이가 성장함에 따라 가정에서 아이에게 역할을 맡기고 확대해 나감으로써, 아이가 가정을 하나의 팀으로 이해하고, 자존감을 형성하며, 부모의 역할을 존중하도록 지도해야 한다. 아이가 집안일에 참여하는 것은, 가정의 팀워크와 아이의 인격 성장을 위해 매우 중요한 부분이다. 어릴 때는 신발 정리하기 같은 작은 일부터 시작하고, 아이가 성장함에 따라 쓰레기 버리기, 청소하기, 설거지하기, 음식 만들기, 장보기, 집 정리하기 등으로 아이가 맡은 집안일의 영역을 넓혀 간다.

(3) 아이들의 공동체와 부모들의 공동체의 구조

이러한 교육과 협의 과정을 거쳐 연령 통합 놀이집단을 형성했다. 연령 통합 놀이집단의 철학은 단순하다. 5-13세 아이들의 놀이 공동체가 가지는 사회적 다이나믹을 통해서, 구성원 각자의 연령에 따라 필요한 양육과 교육을 진행하는 것이다. 이를 위해 구성원의 부모들은 아이들의 공동체가 양육 주체로 기능할 수 있도록 지원하는 부모들의 공동체를 형성한다. 부모들의 공동체가 가지는 사회적 다이나믹은 부모들의 양육과 교육을 기술적으로 심리적으로 지원한다. 부모들의 공동체와 아이들의 공동체는 두 개의 양육 주체로서 상호 연계하여 양육과 교육을 담당하게 된다.

기본적인 구조는 다음과 같다. 1) 아이들이 다양한 놀이를 통해 다양한 지식과 경험을 습득하는 것을 목표로 한다. 2) 아이들을 4명 정도의 팀으로 조직하여 한 아이가 각 팀의 팀장을 맡아 동생들을 돌보는 리더십을 형성하도록 한다. 3) 프로그램은 자유놀이와 아웃도어놀이로 구성하는데, 자유놀이는 특별한 프로그램 없이 아이들이 그때그때 창의적으로 제시하는 놀이를 함께 하는 것이고, 아웃도어놀이는 물놀이, 갯벌 체험, 산행, 어드벤처 등등 다양한 경험을 제공하는 프로그램을 진행하는 것이다. 자유놀이와 아웃도어놀이는 매주 토요일에 번갈아 진행하였다. 4) 부모들은 두 팀으로 나누어 아이들의 안전과 물자를 지원하는 슈퍼비전(supervision)의 역할을 맡는데, 격주로 비번에 해당하는 부모는 토요일에 자기만의 시간을 가진다. 아이들의 팀에 부모들의 슈퍼비전을 배치하되, 자기 아이가 소속되지 않은 팀에 배치한다. 5) 부모들은 매일 양육일기를 쓰고, 책을 읽고 독서록을 쓴다. 양육일기는 아이를 잘 먹이고 입히는 일, 아이를 믿고 지지하는 일, 아이의 성장에 따라 아이와 교류하는 일, 아이에게 집안일을 분담

하는 일, 아이에게 가정 규칙을 지도하는 일, 아이가 독서와 산수와 운동을 꾸준히 수행하도록 지도하는 일, 그리고 부모 자신의 인생을 즐기는 일 등의 주제로 세분하여 적는다. 부모들은 자녀의 공부에 대한 열정이 있기 때문에, 솔선수범을 보이기 위하여 늘 책을 읽고 독서록을 쓰도록 했는데, 이는 다양한 책을 매주 1권씩 읽음으로써 부모의 교양을 높이는 일이기도 하다. 6) 부모는 매주 놀이가 끝난 후에 정기 모임을 가진다. 정기 모임에서는 양육일기와 독서록을 발표하고, 연령 통합 놀이집단의 기획과 운영 전반을 다룬다. 특히 양육일기를 통해서 발견되는 아이 양육의 다양한 문제들을 상호 협의와 교육을 통해 해결하고 있다.

(4) 성과들

지난 20년 동안 우리가 얻은 수많은 성과들을 일일이 적을 수는 없겠지만, 결론적으로 요약하면 이렇다. 첫째, 연령 통합 놀이집단이 키운 아이들은 행복하게 뛰어놀며 발랄하게 자랐다. 그들은 타 집단의 아이들에 비해 압도적으로 뛰어난 사회성을 가지게 되었다. 그들의 사회적 능력을 보면, 비록 공부는 잘 못해도 자기들이 중심이 되어 많

은 친구들을 사귀며, 학교에서 리더십이 필요한 다양한 역할을 맡게 되는 것으로 나타났다. 둘째, 부모들도 행복하게 아이들을 키웠다. 그들은 다른 부모들에 비해 편안하고 즐거운 마음으로 아이와 함께 지내며, 아이를 키우는 기쁨을 누렸다. 그들이 누리는 양육의 여유는, 자기 자신의 삶에 더욱 집중할 수 있게 함으로써 더 행복한 인생을 향하여 살도록 하였다. 셋째, 이미 청년으로 성장한, 연령 통합 놀이집단 출신의 아이들은, 세세히 기억하진 못할지라도 자기들이 어린 시절에 함께 나눈 많은 경험과 사상과 생각을 공유하기 때문에, 아직도 끈끈한 정으로 서로를 형제와 같이 여기며 함께 즐기고 서로에게 도움을 주고 있다.

공부를 중심으로 하지 않았는데 대학은 제대로 갔을까? 모두가 서연고에 진학한 것은 아니지만, 연세대학교, 홍익대학교를 비롯해 서울에 있는 대학으로 진학한 아이들이 적지 않다. 모두 대학에 진학했고, 결과적으로 6분의 1 정도는 제법 좋은 대학에 진학했다. 부모가 눈을 크게 뜨고 공부를 시키지 않아도 결과는 더 좋았다.

가장 자랑스러운 결과는 예상한 것 이상으로 아이들의 사회적 능력이 계발된 것이다. 아이들은 자라는 동안 내내 리더십과 협력적 도덕성이 성장하여, 책임감 있는 사람이 되어 갔다. 다니는 어린이집, 유치원, 학교는 서로 달라도 친구를 잘 사귀고, 잘 돌보고, 선생님에게 잘하기 때문에 칭찬받는 아이들이 많았다. 가정에서도 부모를 존경하고 존중하는 태도로 화합하고, 어른을 존중하는 아이로 성장하여 주위에서 요즘 아이들 같지 않다는 칭찬을 받는 경우가 많았다. 연령 통합 놀이집단의 주체성으로 인해서 자기 일을 주체적이고 책임적으로 하는 아이로 성장했기 때문에 부모의 노고는 크게 줄어들었다.

말썽 부리는 아이는 없었을까? 아이들은 각기 다른 성격을 가지고 태어나기 때문에, 말썽 부리는 아이가 없었다면 도리어 비정상적인 일일 것이다. 하지만 어릴 때는 말썽 부리던 아이들이, 형, 누나, 오빠, 동생들과 함께 자라면서 사회적으로 성장했기 때문에, 초등학교 3학년을 넘어가면 말썽 부리는 경우는 거의 없었다. 연령 통합 놀이집단은 해당되는 전 연령층에 개방되어 있기 때문에, 초등학교 5학년 때 구성원이 되는 아이들도 있었다. 이렇게 개방적으로 운영하기 때문에, 아이가 유별나서 키우기 힘든 부모가 아이를 받아 달라고 하는 경우가 몇 번 있었다. 한 아이는 부모와 함께 정신과 상담을 받는 초등학교 1학년이었는데, 놀이집단에 들어온 후 한 살 아래의 동생과 친하게 지내며 급속도로 좋아져 4학년이 되어서는 밝고 활달한 품성 좋은 아이가 되었다. 떼를 매우 심하게 쓰고, 성에 안 차면 분노하며 물건을 부수는 아이도 있었다. 그 아이도 들어올 때 초등학교 1학년이었는데, 그때 생각으로는 사춘기가 지나서도 문제가 있지 않을까 했지만, 조금씩 나아져서 초등학교 6학년이 되어서는 떼를 쓰는 일이 없어지고, 대신 동생들을 잘 돌보고 양보도 하는 리더십을 가진 선배가 되었다.

'이키사회소통연구소'의 자녀양육모임은 연령 통합 놀이집단을 주축으로 2022년 현재까지 거의 20년을 진행해 왔고, 자녀양육에 관한 일이 열거할 수 없는 수많은 사례들을 해결해 왔으며, 자녀양육에 관한 다양한 경험과 노하우를 축적하고 있다. 이제는 청년이 된 아이들이 자기의 어린 시절을 회상하면서, 자기는 다른 아이들과 달리 하

고 싶은 것 하며 괴로움과 어려움 없이 재미있게 자랐다고 말하는 것을 보면서, 양육 주체로서의 연령 통합 놀이집단이 가진 능력의 대단함을 다시 한번 느끼게 된다.

2) 학산어린이집과 '0513커뮤니티'

(1) '공동육아어린이집'으로 전환한 학산어린이집

전주시 평화동 영구임대아파트 단지 안에 있는 학산어린이집은 1996년에 아파트가 세워지면서 개원하였다. 경제적으로 넉넉하지 않은 세대가 많이 포함된 아파트 단지 안에 있는 어린이집은 매력적이지 않다. 2016년에 이르러서는, 계속 아파트에 살고 있는 초등생 이하 어린이가 10명도 채 안 되고, 그중 영유아는 거의 찾아볼 수가 없다. 이마저도 주변에 있는 다른 어린이집으로 보내면서, 2017년 어린이집은 원장 급여도 안 나오는 상황으로, 존폐 위기에 놓이게 되었다.

한편, 학산복지관은 2012년부터 초중등 방과후교실인 '모두학교'를 운영해 오고 있었다. 학산어린이집은 '모두학교' 활동가들의 협조를 얻어, '공동육아어린이집'으로의 전환을 검토하기로 하고, 2017년 3월 '공동양육연구모임'을 결성하였다. 자녀를 양육하는 부모들의 관점이 무엇보다 중요하다는 '모두학교'의 경험을 통해, 영유아를 둔 부모들과의 만남을 중심으로 어린이집의 위기를 돌파하기로 하고, 평화동에 거주하는 영유아 자녀를 둔 부모들(주로 엄마들)을 만나기 시작하였다. 먼저 복지관 인근의 아파트를 찾아가 아이를 등원시키는 부모들을 인터뷰하여 욕구조사를 실시하였으며, 이 조사 결과를 바탕으로 2017년에 '평화동모두맘'이라는 커뮤니티를 만들게 되었다.

사업이 추진되면서, 실제로 육아를 하면서 고립감으로 인해 해방감을 필요로 하는 부모들이 많이 있음을 확인하였고, '평화동모두맘'에 참여하기를 희망하는 엄마들이 모여들었다. 엄마들은 집에서 아이와 단둘이 있을 때의 고립감에서 벗어나 다른 엄마들과 만나는 일을 좋아했고, 자신에게 집중하는 시간을 통해 만족감과 즐거움을 얻었다. 비슷한 연령의 자녀를 둔 부모들은 자연스럽게 가까워져 양육에 관한 정보를 주고받았으며, 주말이나 평일 낮에 시간이 되면 서로의 집에 마실도 가고, 아이들을 데리고 동물원 등에 다니면서 사귐의 시간이 점점 늘어 갔다. 또한 그들만의 시간을 보내기 위해 한 달에 한 번 문나이트(moon night)를 즐기기도 했다. 뜨거운 여름, 아이들의 안전한 물놀이를 위해 부모들이 나서서 시골 마을에 들어가 직접 풀장

을 만들고 아이들의 다양한 놀거리를 역할을 나눠 준비하고 진행하면서 소속감과 친밀감은 더욱 커져 갔다. 복지관에서 부모들과 프로그램을 진행하는 동안에는 돌봄 교사가 갓난아기를 돌봐 주었다(당시 갓난아기 엄마들의 참여가 많았다). 부모들은 마음 놓고 프로그램에 집중하였고, 아기들은 아기들대로 편히 먹고 쉬었다.

'공동양육연구모임'이 '평화동모두맘'을 통해 만나는 부모와 자녀들을 어린이집과 연결하는 일을 모색하던 중, 2018년 서울에서 부모들과 함께 공동육아를 해오고 있는 '이키사회소통연구소'의 '자녀양육모임'과 만나게 되었다. '이키사회소통연구소'는 아이들을 양육 주체로 하는 연령 통합 놀이집단을 형성하고, '부모들과 함께 공동으로 양육의 주체'가 되어 아이들을 양육하는 시스템의 자녀양육모임을 운영하고 있었다. 어린이집의 교사들이 서울에 방문하여 그들의 양육을 견학했는데, 매우 긍정적으로 평가하였다. 그리고 '평화동모두맘'에 참여하는 부모들에게 공동육아에 관한 교육을 시작하기로 결정하고, '이키사회소통연구소'의 조익표 소장을 초청하여 육아 전반과 연령 통합 놀이집단을 주체로 하는 공동육아에 대하여 강의를 들었다.

'이키사회소통연구소'와의 만남을 시작으로 공동육아를 주제로 한 부모 교육을 '평화동모두맘'뿐 아니라 지역의 부모들을 대상으로 확대 진행하였다. '(사)공동육아와공동체교육'은 '공동육아어린이집'을 공인하는 기관이기 때문에, 이 단체와 2018년 11월 협약을 맺고, 학산복지관, 학산어린이집, 그리고 학산복지관의 법인인 '우리모두사회적협동조합'이 협력하여, 전주 시민을 대상으로 8회의 '공동육아아카데미' 과정을 진행했다(2018년에 시작한 공동육아아카데미는 현재까지 매년 운영되며 공동육아에 대한 인식을 확산하는 역할을 하고 있다).

현재 학산어린이집은 공동육아에 관심이 있는 부모들에 의해 평화동 지역뿐만 아니라 인근에 있는 중화산동, 삼천동, 서신동에서까지 아이들이 다니고 있다. 공동육아는 부모들의 적극적인 참여가 없이는 이루어지지 않기 때문에, 매월 부모 모임을 통해 아이들 이야기, 부모들끼리의 이야기를 하면서 서로의 관계를 친밀하게 하고 있다.

(2) 연령 통합 놀이집단 '0513 커뮤니티'

'공동양육연구모임'은 '학산어린이집'과 '모두학교'가 서로 유기적인 관계를 맺으며 하나의 마을학교로 운영되는 형태에 관한 장기적 전망을 구상하고, 이키사회소통연구소의 조익표 소장을 초청하여 하나의 마을학교로 운영하는 내용과 방법에 관한 교육을 실시하였다. 양육 주체로서의 연령 통합 놀이집단이 옛날에는 마을의 기능이었고, 역으로 연령 통합 놀이집단을 통하여 새로운 마을을 만들 수 있다는 것을 배우는 시간이었다. 그리고 어린이집과 모두학교(방과후학교)가 함께 있는 학산어린이집에서, 연령 통합 놀이집단을 형성하여 운영하는 데 뜻을 모았다.

공동양육마을만들기 사업을 위해 학산어린이집과 우리모두사회적협동조합, 학산종합사회복지관이 MOU를 맺고, '모두학교'를 중심으로 마을학교를 운영하기로 하였다. 형, 누나, 동생의 관계를 만들어 주

고 공동체 활동을 통한 관계 안에서, 아이들이 주체로서 기능하는 아이들만의 작은 사회를 구축하고, 사회적 능력을 키우는 것을 목적으로 '0513커뮤니티'라는 프로그램을 2021년부터 진행했다.

'0513커뮤니티'의 모든 활동은, 6-7명 정도의 혼합 연령의 아이들이 팀을 이루고 고학년의 리더와 3학년 정도의 중간 리더가 팀을 이끌도록 조직되었다. 이름 그대로 5-13세까지의 유아에서 초등학생까지 아이들이 함께 모여 노는 연령 통합 놀이집단이다.

38명의 아이들이 모여 있는 전체가 함께 놀기도 하고, 팀을 이뤄 놀기도 하는데, 교사들은 가능하면 아이들이 주체적으로 놀 수 있도록 관여를 최소화한다. 그중 나이가 많은 4-6학년(고학년)들이 팀의 리더가 되어 동생들을 보살피고 돕는 역할을 한다. 부모들은 아이들이 잘 놀 수 있도록 안전을 책임지는 가드 역할을 한다. 아이들이 또래 놀이집단에서 실컷 잘 놀 수 있도록 살피는데, 자신의 자녀는 직접 돌보지 않는 것을 중요한 원칙으로 한다.

아이들은 아이들끼리의 커뮤니티 속에서 이모, 삼촌을 만나고 안전함을 느낀다. 부모는 내 아이뿐 아니라, 여러 연령층의 다양한 아이들을 만나면서 연령별 아이들의 특성과 역할을 배운다. 여럿이 함께 크는 것이 아이들의 건강한 성장에 꼭 필요한 과정임을 알아 간다. 아이들이 활동하는 것을 보며 '우리 아이도 이렇게 놀겠구나' 안심하기도 하고, 고민되는 것들을 함께 나누며 해결해 나간다. 이런 아이들의 놀이집단이 유지되도록 부모들이 지원하고 돕는 과정을 통해서, 공동양육을 중심으로 하는 새로운 마을을 이루어 가고 있다.

자녀양육을 최종적으로 책임지는 사람은 부모이다. 부모의 양육태도는 아이들이 자라는 데 매우 큰 영향을 준다. 진학 위주의 학습을 고집하는 부모 밑에서 자라는 아이들은, 학교와 학원에서 남을 이기고 성공하기 위한 끝없는 경쟁심만을 배우며 괴로운 어린 시절을 보

낼 것이다. 그러나 잘 놀고 잘 먹는 것이 좋다고 여기는 부모 밑에서 자라는 아이들은, 놀이터나 운동장에서 함께 뛰어놀고 사람들과 부대끼며 관계하는 방법을 배운다. 자녀를 잘 키우고 싶다는 생각을 하는 것은 모든 부모의 공통된 생각이다. 그런 부모들은 자녀뿐만 아니라 자녀를 키우는 자기 자신의 행복을 위해서도 좋은 것을 찾는다. 양육 주체로서의 연령 통합 놀이집단을 중심으로 연대하는 부모들의 양육 모임에서는 좋은 길을 찾는 일이 훨씬 쉽다. 내 아이를 키우는 일은 처음이지만, 이미 아이를 키운 부모들은 내 아이 또래의 양육 경험을 가지고 있다. 그것은 어떤 것과도 맞바꿀 수 없는 소중한 경험이다.

초등학생이나 유아의 부모들은 자녀에게 관심이 많이 가 있고, 외부의 영향을 쉽게 받는다. 다른 아이들과 비교해서 내 아이가 좀 약하거나 발달이 늦거나 서툰 것에 대해서 민감하다. 미래에 대한 불안과 염려 때문에 아이가 매번 놀기만 하는 것이 영 즐겁고 편하지만은 않다. 또 잘 어울리지 못하고 혼자 놀거나 다른 아이들이 함부로 대하는 모습을 볼 때면 속이 상한다. 놀이집단의 부모들이 연대하는 양육 모임에서 선배 부모들은 자기가 자녀를 키워 본 경험을 살려서 "괜찮아, 시간 지나면 다 괜찮아져" 하며 위로하고 지지해 줄 뿐 아니라, 구체적인 대처 방법까지도 제시해 준다.

연령 통합 놀이집단의 양육 과정에 참여하고 있는 부모 모임은 공동체의 결속력과 소속감을 가질 수 있는 강력한 모임이다. 모임은 크게 양육 코칭과 학습, 사귐 활동 등이 있으며, 그때그때의 구체적인 방법은 협의를 통하여 계획하고 진행한다.

(3) '0513커뮤니티' 활동 사례

ㄱ) 2021년, 어색함에서 익숙함으로

2021년 4월, 첫 만남 때는 서로 어색해하던 아이들이었지만, 5월에는 언니, 동생이 되어 손잡고 걸어가는 등 변화가 시작되었다. 그래도 유아들은 언니들에겐 여전히 문젯거리였다. 팀을 구성하여 진행하였기 때문에, 팀마다 서로 다른 대처 방안이 제시되었다. 너무 뒤처지는 유아들에게는 손잡고 이끌기를 시작으로 물통 들어주기, 업어주기 등 팀리더들의 다양한 시도가 진행되었다. 자기보다 어린 아이들을 바라보는 어린 리더들은 "유아는 놀이 친구가 아니라 돌봄이 필요한 아이들"이라며, "유아가 끼면 놀이는 불가능하다"고 강하게 주장했다. 언니들이 '불가능'을 '가능'으로 이해하게 된 계기는 7월에 진행했던 물놀이다. 교사는 물놀이 부스를 만들어 다양한 놀이를 제시했지만, 실제로 많은 시간 아이들을 진짜 즐겁게 해준 놀이는 물총놀이였

다. 유아들까지 끼어서 특별한 규칙 없이 쫓고 쫓기며 물을 뿌리거나 막아 주는 과정에서 똑같은 희열을 맛보고, 공동의 감정으로 소속을 확인하며 함께 즐겁게 노는 법을 알게 되었다. 이런 과정을 지나며 9월, 추석을 코앞에 두고 진행한 윷놀이에서 형, 언니들 앞에서 울음을 서슴없이 터뜨리는 자연스러운 모습과 형보다 윷을 잘 던져 우쭐해진 동생을 잘했다 칭찬하는 형들이 한 팀이 되어 서로를 응원하는 즐거운 시간을 보냈다.

10~11월에는 집에 있는 재활용품을 수집해 장터를 만들고, 여기서 사용할 모두학교 화폐를 만드는 활동을 진행했다. 팀 안에서 판매, 쇼핑, 화폐 관리 등의 역할을 정하는 것이 중요했는데, 리더가 역할을 정하고 동생들이 무조건 따르는 경우가 대부분이었다. 빠른 시간 내에 장터를 운영하기에 편한 방법을 택한 것이다. 유아들 중에는 어떤 언니의 손을 잡아야 원하는 물건을 살 수 있는지 눈치 빠르게 행동하는 경우도 나타났다. 5세 여자아이가 팀리더의 손을 잡고 의류 코너의 분홍 원피스를 손가락으로 가리키며 사달라고 조르기 시작했다. 리더가 계산하고 쇼핑 가방에 넣기까지 3분이 채 걸리지 않았다. 조직을 이해하고 막내의 매력을 이용해 원하는 것을 얻어 내는 생존 방법을 금세 터득한 것 같다.

ㄴ) 2022년 4월, 다음 달을 기대하며

올해 2022년 첫 0513 하는 날! 학교 가는 오빠를 붙잡고 "오빠, 오늘 모두학교에서 만나자" 한다. 기대된다며 다이어리에 기록도 하고 치마 대신 바지에 반팔 티셔츠를 입는다며 아침부터 분주하게 움직이는 아이. 평소보다 일찍 일어나 준비하는 모습이 영락없는 초등학생 소풍 가는 날 아침 풍경이다.

한 달 전부터 고학년 리더들과 만나 "너희는 선배일까? 후배일까?" 하고 묻고, 자기 스스로 선배임을 자랑스럽게 말하는 그들에게 좋은 선배가 될 기회를 갖자고 했다. 형제들 사이에서 배우고 익힐 수 있는 다양하고 유익한 것들이 무엇인지, 좋은 형, 누나가 되면 어떤 것이 좋을지 생각해 보고 설명도 하면서, 아이들 스스로 조금씩 선배로서 해야 할 일들을 고민하도록 했다.

만남 첫날, 강당에서 동생들을 기다리던 형, 누나들이 동생들의 등장에 박수를 치며 환호했다. 어리둥절한 동생들이 들어오다가 살짝 얼어붙어 멈추기도 했지만, 선배들이 동생들을 살피고 조원들을 챙기기 시작하는 놀라운 일들이 벌어졌다. 어린 동생들을 돌봐야 한다는 부담감을 가졌던 선배들이, 동생들이 오는 순간 큰형님 모드로 전환하더니 두 팔을 벌려 동생들을 맞이하고 자리에 앉혀 주며 다른 곳에 갈까 봐 노심초사하는 모습을 보였다. 마치 갓난아이가 위험에 노출될까 봐 걱정하는 엄마의 모습 같아 신기했다.

아이들과 처음 만나 무슨 놀이를 하면 좋을까 생각하다가 신발던지기를 하기로 했다. 첫날 주제는 교사들이 정해서 진행했지만, 그다음부터는 아이들이 직접 놀이를 생각하고 계획하도록 했다.

새벽에 비가 내려 맑게 갠 하늘이 너무 예뻤다. 신성공원으로 가는 길에서도 동생들의 손을 꼭 잡고, 길 건널 때 조심하라며 좌우 도로를 살피는 선배들의 모습을 보았다. 뭐가 뭔지도 모르고 선배들 뒤를 졸졸 쫓아다니는 동생들이 마냥 귀엽기만 했다.

조별로 신발던지기 연습을 하는데, 선배들이 동생들이 잘할 수 있도록 손도 잡아 주고 방법도 알려 주었다. 이리저리 돌아다니는 동생들을 데리고 오느라 분주한 선배들도 있었고, 어느새 친해진 선배들과 동생들은 잡기놀이를 하며 딴짓을 하는 모습도 눈에 띄었다. 시작하기 전에는 동생들이 온다고 투덜대던 선배들이, 금이야 옥이야 동생들을 아끼며, "쓰레기는 형 줘" 하는 등 친근한 말투와 행동으로 감동을 주었다.

작년에 이어 올해 다시 만난 선배들은 한층 더 성숙해진 모습으로 동생들을 돌봤고 함께 놀아 주기 위해 땀 흘리며 움직였다. 갖고 온 줄넘기는 어느새 줄다리기 끈이 되어 힘겨루기를 하는 데 쓰이고, 줄을 넘지 못하는 동생들을 위한 학습 도구가 되었다. 또한 2단 뛰기로 동생들을 홀딱 반하게 했다. 결국 줄넘기는 끊어졌다. 훌라후프도 여

러 가지 놀이 도구로 변형을 거듭한 끝에 끊어졌다. 동생들이 말을 안 들어 힘들었다 하면서도 얼굴에서는 뿌듯함과 즐거움을 엿볼 수 있었다. 다음 달이 기대가 된다.

형제가 고작 1명 또는 2명밖에 없는 요즘, 아이들은 또래 수직 관계에서 배우고 익힐 수 있는 대인 능력, 조직 능력, 생존 능력 등을 배우지 못한 채 자신의 능력들을 키울 기회를 점점 잃고 있지만, 우리는 0513 활동을 통해 이를 채울 수 있다. 형, 누나, 오빠, 언니들은 동생들을 돌보고 먼저 배운 기술들(숫자 세기, 달리기, 글자 익히기, 도로 건너기, 청소하기 등등)을 전수하는 기회를 통해 리더십과 조직 능력을 습득한다. 동생들은 그런 선배들 옆에서 보고 배운 것들을 토대로 필요한 생존 능력을 터득한다. 아이들의 마을이 형성되어 형, 누나, 오빠, 언니들이 생기고, 아이들이 주체가 되는 아이들끼리의 공동육아가 진행되는 이곳이 아이들의 공동체, 공동양육마을이다.

2장

쉽고 즐거운 마을양육

1. 학교에서 가르쳐주지 않는 것들
2. 마을과 패밀리, 그리고 마을의 놀이집단
3. 전통적인 마을이 없어진 까닭
4. 마을에 있었던 연령 통합형 놀이집단의 해체
5. 핵가족 육아의 어려움
6. 국가교육의 배경과 목적
7. 컨베이어 벨트식 교육 환경
8. 육아는 자아실현의 최고 단계
9. 연령 통합 놀이집단의 교육능력
10. 연령 통합 양육을 구심점으로 하는 마을만들기

1

학교에서 가르쳐주지 않는 것들

큰아이가 6살 어린 동생에게 전수한 비법 중에 엄마 기분 알아차리는 방법이 있다. 엄마가 기분 좋을 때는 "영현아~" 하고 부르고, 기분이 안 좋을 때는 "노영현" 하고 성을 붙인다는 것이다. 그 말을 알아들은 둘째 아이는 엄마가 "주영아~" 하고 부르면 굼뜨게 행동하다가 "노주영" 하고 부르면 바로 반응했다. 엄마 활용법을 일찌감치 터득한 큰아이 덕분에 둘째 아이의 사는 실력도 늘어 갔다.

우리가 살아오면서 생존을 위해 필요한 과업들을 어떻게 습득했는지 생각해 보자. 인간은 이미 생태계 최상위 포식자이기 때문에, 인간에게 중요한 생존 기술은 인간 사회에서의 생존에 집중된다. 다양한 사람들 사이에서 잘 살아가는 법이 생존 기술이다. 학교의 교과 과정을 통해 배웠다고 생각한다면, 다시 곰곰이 생각해 보라. 학교에서 배우는 글공부는 생존을 위해 필요한 교육이 아니라, 직업을 위해 필요한 교육일 뿐이다. 아이들이 스스로 살아가기 위해 가르쳐야 할 것들이 90%라면 학교교육을 통해 배워야 할 글공부는 10%면 충분하다. 지금 우리 아이들 교육의 근원적인 문제는, 생존을 위한 90% 교육은 안 되는데 10% 글공부에 집중하고 있다는 것이다.

다음의 목록은 학교의 교과 과정에는 없지만, 아이들이 살아가는 데 필요한 것들을 열거한 것이다.

엄마 화난 목소리 감별법	벌레 물렸을 때 대처
맛있는 간식 먹고 싶을 때 하는 말과 말투	뜨거운 물에 데었을 때 대처
어른들께 용돈 잘 받는 법	열 재는 법
어린이집(학교) 가기 싫을 때 대처	약 종류 구분하기
상대가 기분 나쁘지 않게 내 기분 이야기하는 법	책상 정리하는 법
남자(여자) 친구랑 잘 헤어지는 법	이불정리, 이불 개는 법
계좌이체, 무통장 입금 하는 법	벗은 옷 빨래통에 넣기
길을 잃었을 때 대처	벗은 옷 옷걸이에 걸기
한글(영문) 자판 외우기	지갑이나 돈을 잃었을 때 대처
이메일 주소 만들기, 이메일 보내기	모르는 사람에게 말 걸기
유튜브 동영상 올리기	자기소개 하는 법
잘 대답하는 법	키오스크 사용법
말 길게 하지 않는 법	먹을 것이 적을 때 나눠 먹는 법
싫어하는 것, 좋아하는 것 구분하기	선풍기 작동법
욕 참는 법	리모컨 사용법
어울리는 색 구분하기	수업시간에 졸릴 때 대처
계절에 맞는 옷 구분하기	식당에서 나온 음식이 싫을 때 대처
119에 전화하기	놀러 갔는데 졸릴 때 대처
위험한 사람을 만났을 때 구호 요청법	차 안에서 멀미날 때 대처
친구가 자주 괴롭힐 때 대응법	모르는 문제를 선생님이 질문할 때 대처
기분이 나쁜 것과 좋은 것 구분하기	선생님이 왜 화났는지 모를 때 대처
누군가 돈을 빌려달라고 할 때 요청	낯선 장소에서 아는 사람을 만났을 때
길 가다가 돈을 주웠을 때 대처	다른 사람이 아는 체하는데 나는 누구인지 모를 때

동영상 촬영법	하고 싶은 일을 부모님이 하지 말라고 할 때
SNS계정 만들기, SNS에 글 올리기, 댓글 달기	엄마가 좋아? 아빠가 좋아? 물어볼 때
파일 저장과 관리법	형(언니)이 심부름시킬 때
블로그 만들기, 포스팅하기, 공유하기	싫어하는 친구랑 짝이 되었을 때
유튜브 라이브방송 하는 법	빌린 책을 보다가 찢어졌을 때
방에 들어갈 때 노크하기	스마트폰이 갖고 싶을 때
어울리는 헤어스타일 알기	현질하고 싶을 때 부모님에게 부탁하는 법
유행하는 헤어스타일 알기	부모님이 형이나 동생만 챙길 때
수업시간에 친구가 말 걸어올 때 대처	선물받은 화초를 키우는 법
선생님이 내 이야기 안 들어줄 때 대처	생화와 조화를 구분하기
선생님이 내 이야기를 못 알아들을 때 대처	초경이 왔을 때, 갑자기 생리가 시작되었을 때
외모에 대해 평가하는 말 들었을 때 대처	생리대 사용법
패드립 들었을 때 대처	물건이 비싼지, 싼지 구분하기
약속장소에 갔는데 아무도 없을 때 대처	비밀번호 만드는 법
늦게까지 부모님이 안 들어올 때 대처	추위와 더위를 피하는 법
TV가 안 나올 때 대처	안경 닦는 법
정전이 되었을 때 대처	분리수거하는 법
목 마른데 물이 없을 때 대처	주변에 쓰레기통이 없을 때 대처
엄마가 불편한 옷을 입으라고 할 때 대응	급똥이 나왔을 때 대처
엄마가 하지 말라고 한 일을 하다가 들켰을 때 대처	별명으로 놀림을 당할 때 대처
누군가 사귀자고 고백했을 때 대응	울어서 눈이 부었을 때 대처
자기이름 한자로 쓰기	원하는 것을 부모님이 안 들어주었을 때 대처
자기이름 영문으로 쓰기	여친(남친)과 사귀기 전 조언과 다투었을 때 대처
감기 걸렸을 때 코 푸는 법	가스렌지 켜는 법(전자레인지 포함)
약과 사탕 구분하기	각얼음 비틀어서 빼는 법
떼쓸 때와 안 쓸 때 구분하기	목적지에 가는 법(버스노선 및 길안내)
떼쓰다가 언제 멈춰야 하는지 알기	동네에서 가장 싼 아이스크림 가게 알기
생일파티 초대할 사람 정하기	핸드폰의 다양한 기능 알기
동생이 내 말 잘 듣게 하는 법	진품과 짝퉁 구별하기
형의 기분을 나쁘지 않게 하는 법	과일 깎는 방법
모자라지 않게 용돈 사용하는 법	킥보드, 자전거, 롤러스케이트 타는 법
빨리빨리 해야 할 때와 천천히 해야 할 때 구분하기	혼자 간단하게 조리하기
친구 집에 놀러가고 싶을 때 허락 받는 법	왕따 당했을 때 대처
친구 집에 놀러가서 지켜야 할 예절	등 뒤 지퍼를 혼자 올리기
친구를 우리집에 초대하고 싶을 때 방법	땡땡이 치는 법

친구가 우리집에 놀러와서 자기 마음대로 할 때 대처	매운 음식 먹고 해소하는 법
엄마가 내 친구를 흉볼 때 대처	무서운 일진 만났을 때 대처
샴푸, 린스, 바디클렌저, 바디로션 등 목욕용품 사용법	드라마, 유튜브 등 각종 채널정보 익히기
목욕물 적정온도 맞추기	혼자 길 가는 데 개를 만났을 때 대처
일반택시, 모범택시 구분하기	야외에서 도시락에 개미가 많이 꼬일 때 대처
혼자 머리 묶기와 땋기	길 가다가 개똥을 밟았을 때 해결
긴 머리카락이 엉켰을 때 풀기	야외활동 중 화장실을 못 찾았을 때 해결
머릿니가 생겼을 때 대처	기침하다가 가래가 같이 나왔을 때 대처
항문이 가려울 때 대처	엘리베이터 안에서 방귀가 나오려 할 때 대처
소나기 오는데 우산이 없을 때 대처	급체로 속이 불편할 때 대처
핸드폰을 분실해 연락을 할 수 없을 때 대처	이 사이에 낀 고춧가루 빼기
지갑을 분실했을 때 대처	좋아하는 음식이 남아서 아까울 때 대처
손톱이 부러져서 끝이 날카로울 때 해결	땀으로 몸에서 쉰내는 나고, 버스는 타야할 때 대처
혓바늘이 돋아 잘 못먹을 때 대처	운동화 끈이 계속 풀려서 밟힐 때 해결
앞니가 없는 데 음식을 잘라 먹기	화장실에 앉아 있는데 휴지가 떨어졌을 때 대처
이는 흔들리고 치과 가기 무서울 때 대처	똥을 쌌는데 변기가 막혔을 때 해결
팽이 잘 돌리기	샤워하고 있는데 수건이 없을 때 대처
뜨거운 음식 빨리 식혀 먹기	집에 갑자기 전기가 끊겼을 때 대처
뜨거운 그릇 잡는 법	사레들려 기침이 계속 나올 때 대처
눈싸움 잘하기	나쁜 성적이 적힌 성적표가 집에 도착했을 때 대처
흰 머리카락 잘 찾아서 뽑는 법(용돈 벌기)	등이 간지러울 때 해결
손으로 과자봉지 잘 뜯는 방법	음식을 먹었는데 너무 맛없어서 '웩' 할 때 대처
비상금 마련하는 방법	누군가 나만 미워하는 것 같을 때 대처
여름에 얼린 생수병 녹여 먹기	손톱 사이에 무엇인가 새까맣게 끼었을 때 해결
삥 덜 뜯기는 방법	컴퓨터가 바이러스 걸렸을 때 해결
단추 꿰는 방법	급하게 돈을 빌렸는데 못 갚을 때 대처
젓가락 사용법	택배 반품하는 법
화장실에서 스스로 뒤처리하는 방법	구매한 물건 반납하고 환불받는 법
혼자 머리 감기	인터넷 쇼핑몰에서 사기 및 피해를 당했을 때 해결
혼자 옷 갈아입기	폭력 쓰고 스스로 해결 못할 때 대처
귓속으로 물이 들어갔을 때 해결	말싸움 하는데 밀렸을 때 대처
새우껍질 잘 까기	좋아하는 아이에게 쪽기 잘 쓰기
꽃게살 잘 발라먹기	공연티켓 예약하기
생선뼈와 살 잘 분리하기	식당 예약하기
용돈 숨기기	혼자 앞머리 잘랐는데 마음에 안 들 때 해결

여드름 치료에 좋은 방법	자다가 일어나서 머리카락이 눌렸을 때 해결
더울 때 부채로 사용할 수 있는 물건 찾아내기	눈에 눈썹이 들어갔을 때 해결
알약이나 가루약 잘 먹는 방법	왕딱지 뒤집는 법
자신에게 맞는 옷이나 신발 사이즈 알아내기	공기놀이에서 꺾기 잘하는 법
배달음식 주문하기	고무줄놀이에서 오랫동안 살아남기
사진이 예쁘게 나오는 방법(각도, 밝기 등)	숨바꼭질에서 잘 숨기
연필, 샤프심 부러뜨리지 않고 글씨 쓰기	손에 나무 가시가 박혔을 때 해결
콧물 잘 닦기	곤충 채집하는 방법
화장실에서 미끄러지지 않기	설거지, 청소, 빨래 개기 등 집안일 하는 법
머리 가르마 잘 타기	멀리 날고 잘 뜨는 비행기 접는 법
빙판길에서 미끄러지지 않게 걷기	손가락장갑에 자기 손가락 10개 잘 넣기
비에 젖지 않게 우산 쓰는 법	가족 생일 알고 챙기기
비 올 때 종아리에 흙탕물 튀지 않게 걷기	ATM기 사용법
혼자 양치하기	급할 때 수신자부담 전화하는 법
돼지고기가 잘 읽었는지, 안 익었는 지 구분하기	집 현관 비밀번호 외우기
자를 이용하여 종이 자르기	카카오지도로 목적지 찾아가기
손 다치지 않고 칼 다루기	구글, 네이버로 검색하기
신발끈 묶기	도서관에서 책 빌리기
선물 포장하기	쓰레기는 쓰레기통에 버리기
손발톱 혼자 깎기	목욕탕에서 때 잘 미는 법
물건 제자리에 놓기	드라이어로 머리 말리기
혼자 신발 신고벗기	높은 곳에 놓인 물건 꺼내기
온냉수 구분하여 샤워꼭지 돌리기	버스, 전철을 이용하여 이동하기
전화번호와 자기집 주소 외우기	가족 이름 외우기
서랍에서 양말 찾아서 신기	귀지 제거하기

위의 목록은 어린이집 교사 세 명이 잠깐 둘러앉아, 학교에서는 가르쳐 주지 않지만 아이들이 배워야 할 것들을 적어 본 것이다. 잠깐 동안에도 이렇게 긴 목록이 되었다. 제대로 머리를 질끈 동여매고 적어 나간다면 아마도 끝도 없이 이어질 것 같다.

인간의 생애 중 유아기와 아동기에는 생존에 필요한 지식과 기술

을 배우는 일이 집중된다. 이 시기에는 살아가는 데 필요한 거의 모든 것을 가족과 친구와 선후배들 사이에서 습득하게 된다. 아이가 태어나서 만 3세 정도까지는 부모의 양육이 대부분을 차지하지만, 그 이후 초등학교까지는 또래와 선후배 집단에서 놀이, 서열, 역할, 정서 조절, 폭력 대응 등 사회적 능력을 습득하고 향상시켜 나간다. 다양한 위험에 대처하는 법, 윗사람을 존중하고 존중받는 법, 일상생활에서 필요한 유용한 정보 등 배워야 할 것들은 끝이 없다.

2022년 오늘 한국의 양육 환경에서는, 아이들끼리의 집단을 이루는 일이 쉽지 않다. 방과후학교인 모두학교에 참여하는 가정의 경우 형제가 많으면 3명, 대부분 2명이거나 외동인 경우도 있다. 학교나 학원에서는 동년배와 함께 지내는 경우가 많아서 선후배 간의 관계에서 배울 수 있는 것을 놓치게 된다. 특히 형, 누나, 오빠, 언니, 동생들

로 이루어진 집단에서 나타나는 다양한 종류의 서열과 그 안에서 익혀야 하는 생존 기술을 경험하기가 어렵다. 함께 지내는 내용도 일률적인 교과 학습이 대부분이어서 사회적 능력을 배우기는 쉽지 않다.

아이들이 자기들끼리의 사회에서 서로 상호작용을 하며 자라야 한다는 의미에서 보면, 핵가족이라는 사회는 아이의 사회적 본성을 계발하여 전인적 인격체로 성장시킬 수 있는 능력이 떨어진다. 교과 과정에는 없고 핵가족 안에서 배우기에는 한계가 있는 셀 수 없이 많은 내용을 어떻게 잘 가르친다는 말인가? 그렇기 때문에 핵가족이 아이를 양육하는 것은 양육자인 부모에게는 매우 어려운 과제가 되어 버렸다. 핵가족 구성으로 전인적인 아이를 키워 내는 것은 거의 불가능하기 때문이다.

2

마을과 패밀리,
그리고 마을의 놀이집단

마을교육을 이야기할 때 "아이 한 명을 키우는 데 마을 전체가 필요하다"는 표현을 많이 빌려 쓴다. 틀린 말이 아니다. 이 말은 아이들이 살아갈 능력을 마을 안에서 배웠다는 말이다. 나는 어린 시절을 시골 마을에서 지냈는데, 고향을 떠나 도시로 이주해 외로운 이방인으로 살아가는 동안에도, 어린 시절의 경험은 든든한 배경이 되었다. 본래 인류가 탄생하고 번성하는 과정에서 부모 두 사람이 아이 양육을 담당한 예는 없었다. 선사 시대에서 근대에 이르기까지 아이는 항상 마을에서 키웠다. 핵가족이 양육 책임의 대부분을 부담하게 된 것은 산업사회로 진입한 1980년대 이후이다. 1960년대부터 국가 주도의 산업화 정책에 따라 많은 인력이 도시 노동력으로 유입되었고, 농경을 중심으로 하는 마을 공동체들의 해체가 가속되었다.

마을에서 자라던 어린 시절의 잊지 못할 추억을 생각해 보면 단연

코 또래들과 어울려 놀았던 기억이다. 마을 어귀에는 오래된 큰 수양버들이 있었다. 축 늘어진 가지를 엮어 여럿이 타잔놀이를 했다. 그러다 꼭 한 명씩은 도랑에 빠져, 시궁창 냄새를 풀풀 풍기며 집에 돌아갔다. 마을 중앙에는 넓은 공터가 있었다. 남자아이들은 어른들이 깎아 준 나무막대 두 개로 자치기를 했다. 나무막대 두 개만 있으면 시간 가는 줄 모르고 놀았다. 가끔 너무 세게 쳐서, 날린 막대기에 맞아 이마가 찢어지거나 머리에 혹이 나기도 했다. 놀다 보면 그런 일은 비일비재했다. 한편에서 여자아이들은 고무줄놀이를 즐겨했다. 세 명이 짝을 이루기도 하고, 네 명, 다섯 명 등 여럿이 함께 놀기도 했다. 고무줄놀이는 노래를 부르는 재미, 리듬에 맞춰 고무줄을 튕기는 재미가

있었다. 고무줄 하나만 있으면 높이를 위아래로 조절해 가며 신나게 뛰어놀았다. 지금 생각해 보면 그때는 늘 뛰어놀았다. 해 질 무렵 "밥 먹자"는 엄마 소리에 흩어졌다가 다시 모였다. 매일 만나는 형, 누나, 오빠, 언니, 동생들의 놀이집단이 마을 안에 이미 형성되어 있었다.

마을을 구성하는 기본 단위는 6촌, 8촌으로 구성된 패밀리(가족)였다. 가족의 기본은 혈연 공동체로, 인간의 수명이 지금보다 짧았기 때문에 일반적으로 조부모의 직계 혈연 공동체가 대부분이었다. 할아버지, 할머니, 아버지, 어머니, 아버지의 형제(숙부)들과 그 부인들, 나와 나의 형제, 숙부의 자녀(사촌)들이다. 분가한 숙부와 형제를 제외하면 대체로 한 집에 살았다. 가족을 조금 더 폭넓게 방계 가족을 포함하는 혈연 공동체로 일컫는 경우도 있다. 추석에 흩어진 온 '가족'이 모인다고 말할 때 이에 해당한다. 이때에는 증조부 직계인 나의 6촌, 넓게는 고조부 직계인 나의 8촌까지 해당된다. 조선 시대에는 제사를 중심으로 모였는데, 『경국대전』에 따르면 신분과 계급에 따라 제사의 범위가 달랐다. 6품 이상은 증조부까지, 이하 양반은 조부까지, 평민은 부모까지로 한정하였다. 그러나 중국의 『주자가례』에서 4대 선친인 고조부까지 제사를 지내도록 한 것을 근거로, 조선 왕조 후기에는 대다수의 양반들이 4대 봉사를 하였다. 가족이 부계 8촌의 범위를 넘어 크게 성장하면, 가문이라는 이름을 붙인다. 가문은 종중이라고 부르는데, 족보를 작성하고 선산에 모여 제사를 지낸다. 작은 규모의 가족이 번성하여 큰 가문을 이루는 정도로 성공하게 되면, 국가를 다스리는 주요한 집단에 속할 수 있었다.

'패밀리'는 서양에서 혈연 공동체를 의미하는 말이다. 핵가족에서 가문에 이르기까지 매우 폭넓게 정의되어 사용한다. 고대에 작은 규모의 패밀리는 같은 건물을 사용했기 때문에 하우스(house)라고도 불렀다. 우리가 '집안'이라는 말로 가족을 대신하는 것은 함께 모여 산다는 의미를 담기 때문이다. 6촌, 8촌 규모는 물론, 4촌 규모의 가족도 사라지게 된 오늘날 '가족'이라는 말은 오직 '핵가족'으로 축소되었기 때문에, 차별적으로 패밀리라는 외래어를 사용하여 6촌, 8촌의 가족을 표현하고자 한다.

지금 사회에서 말하는 부모와 자식으로 구성된 가족은 핵가족이다. 불과 100년 전만 해도 핵가족이 7-8명 이상이었는데, 크기가 점점 줄어서 5인 가족에서 4인 가족으로, 이제는 3인 가족이 핵가족의 주류이

다. 자식을 낳을 생각이 없는 부부는 핵가족이라 하기도 불편하다. 핵가족(nuclear-family)은 가족의 핵(nuclear)만 있는 형태이다. 가족이 아니다. 핵가족은 가족을 구성하는 최소 단위이며, 가족으로 성장할 수 있는 씨앗이라는 말인데, 현대 사회에서 핵가족이 가족(family)으로 발전할 가능성은 거의 없다. 따라서 핵가족이라는 말 자체가 쓸모가 없게 되었다. 가족의 구성 요소도 아니고, 앞으로 가족으로 성장할 가능성도 없으니 말이다. 핵가족을 가족이라 부르기엔 분명 무리가 많지만, 다르게 사용할 말이 없어 사용하겠다. 앞으로 핵가족이라는 용어는 분명 더 적절한 사회학적 용어로 대체되어야 할 것이다.

나고 자란 시골을 떠나 도시에 가정을 꾸린 나는, 아이를 양육할 때 어린 시절 함께했던 마을과 패밀리의 경험을 떠올리곤 했다. 내가 자랐던 마을은 20여 가구, 약 100명 정도 되는 사람들이 모여 사는 곳이었다. 우리 마을에는 할아버지 형제들이 모여 살았는데, 큰할아버지는 앞동네, 작은할아버지는 뒷동네, 둘째인 우리 할아버지는 가운데동네에 살았다. 할아버지 형제들은 한 마을에 살면서 농사를 서로 도왔고, 시시때때로 대소사를 함께 치렀다. 앞집, 옆집, 뒷집에도 당숙이라 불리는 6-8촌 사이의 패밀리가 모여 살았다. 어렸을 적 엄마가 인사하라시던 대다수의 어른들이 '당숙'이라는 호칭을 사용했고, 구체적으로 어떤 관계인지 몰라도 같은 성씨를 쓰는 일가들이 마을을 이루어 살았다. 같은 성씨가 아닌 이웃들도 서로 모르는 것이 없었다. 멀리서 패밀리의 구성원이 돌아오면, 이웃 간에 서로 왕래하며 인사를 다녔고, 자녀들의 소소한 일상, 취업과 결혼, 출산 소식까지 서로 모르는 것이 없었다. 특별한 일이 있어 집을 비우는 날이면 이웃들에게 집안일을 부탁하였고, 멀리 사는 패밀리나 손주들이 찾아오는 날이면, 이웃 할머니들이 그 집에 모여 아이를 함께 돌보는 일은 일상다반사였다. 이렇게 마을은 삶을 함께하는 사람들의 집단이었다.

나는 어렸을 적부터 부모님의 농사일을 배우고 함께 도우며 자랐다. 부모님이 하시는 일에 관심을 갖고 돕는 것은 마땅한 일이라고 배웠다. 일을 직접 돕기 어려웠던 어린 시절에는 부모님의 심부름을 도맡았다. 물도 갖다드리고, 새참 나르는 것도 돕고, 이것저것 잔심부름을 도맡아 했다. 청소년 시기부터는 어른들이 하는 일에 참여했다. 봄에는 마을의 어른들과 팀을 이루어 일하는 품앗이 작업이 많다. 특히 1년 농사의 핵심인 못자리와 모내기는 단순하고 반복되는 일이지만, 각자 맡은 역할을 잘 해내지 않으면 안 되는 매우 중요한 과정이다. 그러니 함께 일하는 사람들의 형편을 잘 살피는 것은 무엇보다 중요하다. 오늘 컨디션은 어떤지, 누가 더 힘든 일을 하고 있는지, 누구에게 일손이 더 필요한지 알아채서 서로 돕는 일이 중요하다. 이런 팀워크가 좋으면 일도 즐겁다. 일의 과정이 순조롭고 더 빨리 끝난다. 일을 통해 어른들과 관계하고 일의 노하우를 배우고 익힌다. 적당히 일하고, 지치지 않게 쉬는 타이밍도 눈치로 익힌다. 일하는 중간중간에 먹는 간식과 힘들게 땀 흘리고 난 후에 먹는 점심의 즐거움도 경험한다. 패밀리가 사는 마을에서 부모님의 일을 돕는 경험은 단순히 노동을 넘어 삶 속에서 여럿이 함께 사는 법을 배우는 중요한 생활교육이 되었다.

마을에서 양육을 담당하는 핵심 주체는 뭐니 뭐니 해도 다양한 연

령으로 구성되는 놀이집단이다. 마을에서 함께 자라는 아이들은 보통 5세 정도에 놀이집단에 입문한다. 처음에는 나이가 어리고 익숙하지 않기 때문에 '깍두기'라 부르는 열외 구성원이 된다. 어린아이들은 보통 나이 많은 아이들에게 적절한 보호와 지도를 받으며, 절대 과보호를 받을 수는 없다. 고참 아이들은 자기들만의 활동과 영역이 있다. 신참들은 처음에 응석을 부릴 수도 있고 그에 대한 긍정적인 반응을 얻을 수도 있지만, 점차 놀이집단 내의 불문율들에 익숙해져야 한다. 신참들은 약간의 보호와 약간의 무시가 섞인 다른 아이들의 태도에 대해 일반적으로 '나도 잘할 수 있다. 나도 잘하고 싶다. 나도 올라가고 싶다. 나도 저들과 함께하고 싶고, 할 수 있다'는 욕구를 가지게 되고 이를 위해 다양한 시도를 한다. 부모의 품을 떠나 타인들 사이에서 인정투쟁이 시작된다. 어른들이나 손위의 형제로부터 약간의 도움과 원조를 받을 수도 있지만, 매우 제한적이고 본인의 판단과 노력과 행동 여부가 가장 중요하다.

마을의 놀이집단이 안정적이고 지속적일 때, 아동은 그 안에서 매우 복잡한 관계에 대응하지 않으면 안 된다. 더불어 놀이집단 외부에 존재하는 힘센 어른들과의 관계에서 유리한 위치를 점할 수 있는 전략을 실행하고 연습할 기회도 얻게 된다. 기성세대의 문화를 전수받으면서 동시에 저항하는 이중성은 놀이집단의 기본적 성격이다. 놀이집단은 아름답고 선한 것만으로 이루어지지 않는다. 놀이집단은 그 안에서 관계의 역동성이 나온다. 지위와 권력을 또래 집단 내에서 획득하고자 각 개체는 전략을 짜고 실행하고 그 결과에 맞춰 수정한다. 이 모든 과정에서 개개인의 성격상 개성이라고 할 수 있는 것이 탄생하고, 성인기에도 유용하게 쓸 수 있는 사회적 전략을 세련화하는 능력을 연습한다. 마을의 놀이집단은 자치의 역동과 리더십을 연습하는 장이다. 아이들이 집단 내에서 늘 n분의 1씩 역할을 분담하진 않는다. 방향을 설정하고 집단을 움직이려는 리더와 추종자들, 그에 반대하는 반대편 리더와 추종자들, 그리고 이도 저도 아닌 제3지대의 부동층이 존재한다. 리더들은 부동층을 설득하거나 반대편과 타협하면서 계속 성장한다. 아이들은 이처럼 스스로 커가는 자율적인 과정을 통해 자란다. 일상이 놀이인 아이들에게 마을의 놀이집단은 부모가 가르치지 못하는 많은 경험을 스스로 배우고 터득하게 한다. 칙센트미하이(Mihaly Csikszentmihalyi)가 수천 명을 대상으로 다년간 조사한 결과, 십대들의 가장 의미 있는 활동은 "일 같기도 하고 놀이 같기도 한 활동"이었다. 미국 사회처럼 경쟁이 치열한 곳에서 성공했다고 사회적 인정을 받는 이들의 공통점을 보면, 십대 때의 지위 체계와 관련이 깊다. 이는 아이들끼리의 커뮤니티인 놀이집단이 주는 경험이 얼마나 중요한지 말해 준다.

그러나 안타깝게도, 마을에서 작동되던 연령 통합 놀이집단은 사라진 지 오래되었다. 패밀리가 사라짐에 따라 패밀리 중심의 마을도 사라지고, 결국 마을은 그 기능을 상실한 채 행정구역으로만 남게 되었다. 오늘날 아이들이 속한 놀이집단은 다양한 권력의 역동성을 상실한 동일 연령 집단이 대부분이다. 이렇게 놀이 체계가 교란된 곳에서는 아이들은 군중이 되기 쉽다. 다시 말해서 폭주의 가능성이 높아진다. 다양한 권력들의 한계를 설정하고 방향을 전환할 리더십이 필요한데, 아이들은 연습을 충분히 할 곳이 없다. 아이들의 위험한 에너지는 학교 내에서는 왕따 정도로 표출되지만, 성인이 되면 한층 위험한 곳으로 흘러갈 수 있다.

아이들에게 가장 큰 영향을 끼치는 것은 또래 친구들과 가까운 선후배들이다. 당연하게도, 부모가 아이에게 영향력을 행사하여 부모의 뜻대로 자라게 할 수 있다는 생각은 내려놓아야 한다. 부모는 아이가 부모의 마음에 맞게, 부모가 키우는 방향대로 클 것이라는 생각을 버려야 한다. 아이들은 키우는 것이 아니라 자라는 것이다. 아이들이 잘 자랄 수 있도록, 또래 친구와 선후배로 구성된 아이들의 커뮤니티를 지원하는 것이 중요하다. 또 아이들이 안전하게 활동할 수 있는 환경

을 만들어 이를 지속할 수 있도록 해야 한다. 마을의 놀이집단 안에서 얻었던, 자율적이고 자유스러운 경험이 부모보다 훨씬 더 좋은 길로 아이를 성장시켜 왔던 것처럼 말이다.

3

전통적인 마을이 없어진 까닭

패밀리들로 구성된 전통적인 마을은 현재 거의 자취를 감추었다. 마을이 사라진 가장 큰 까닭은 패밀리가 없어지고, 그 자리를 핵가족이 대신했기 때문이다. 패밀리가 핵가족으로 분열하게 된 가장 큰 까닭은, 1960년대부터 시작된 국가 주도의 산업화로 농촌 노동력이 도시로 유입되었기 때문이다. 그리고 그 분열을 가속화한 주요 정책이 국가 주도의 출산 억제 정책이다. 산업화가 본격적으로 시작된 1970년대에 강력한 인구 억제 정책이 출현했다. 인구 정책은 경제 정책이었으며, 여성 노동력을 노동 시장에 유입하기 위해서는 출산 억제가 필요했기 때문이다. 이는 1960년대부터 1990년대까지 시기별 가족계획 표어에 확연히 드러나 있다.

2000년대 들어와 저출산이 문제가 되는 것을 보면 격세지감을 느끼지만, 출산을 장려하기 위한 출산장려금, 양육비 지원 등의 다양한

연도	시기구분	표어	TFR
1961 ~ 1965	알맞은 수의 자녀 운동기	· 알맞게 낳아서 훌륭하게 기르자 · 우리집 부강은 가족계획으로! · 많이 낳아 고생말고 적게 낳아 잘키우자 · 덮어놓고 낳다보면 거지꼴을 못 면한다 · 적게 낳아 잘 기르면 부모좋고 자식좋다	6.0-5.0
1966 ~ 1970	세 자녀 운동기	· 3명의 자녀를 3년 터울로 35세 이전에 단산하다	5.0-4.5
1971 ~ 1975	두 자녀 운동기	· 딸아들 구별 말고 둘만 낳아 잘 기르자 · 남녀는 평등하며, 여성은 출산의 도구가 아니다 · 임신 안하는 해 · 남성이 더 피임하는 해	4.5-3.5
1976 ~ 1980	가족계획 생활하기	· 하루 앞선 가족계획 십년 앞선 생활안정	3.1-2.8
1981 ~ 1985	인구증가율 1% 조기달성 운동기	· 하나씩만 낳아도 삼천리는 초만원 · 무서운 핵폭발 더 무서운 인구폭발 · 하루증가 2,000 식구 설 땅마저 없어진다 · 축복 속에 자녀 하나 사랑으로 튼튼하게 · 둘 낳기는 이제 옛말 일등국민 하나 낳기 · 여보! 우리도 하나만 낳읍시다 · 훌륭하게 키운 딸들 새시대의 주역들 · 잘 키운 딸하나 열아들 안부럽다 · 적게 낳아 엄마건강 잘 키워서 아기건강 · 좋은 환경 밝은 가정 알고 보니 가족계획 · 가족계획 실천으로 복지사회 앞당기자 · 신혼부부 첫약속은 웃으면서 가족계획	2.7-1.7
1986 ~ 1990	가족계획 사업의 전환기	· 하나로 만족합니다. 우리는 외동딸 · 늘어나는 인구만큼 줄어드는 복지후생 · 한가정 한자녀 사랑가득 건강가득 · 하나낳아 젊게 살고 좁은땅 넓게 살자 · 한부모에 한아이 이웃간에 오누이 · 지구가 두 개라면 해결될까요 · 엄마건강 아기건강 적게 낳아 밝은생활 · 젊은 꿈을 아름답게 이성교제 건전하게 · 사랑모아 하나낳고 정성모아 잘키우자 · 낳을생각 하기전에 키울생각 먼저하자 · 내가 이룬 가족계획 웃음짓는 우리가정	1.6

주 1983년 이후를 한자녀운동기로 분류하기로 함(배은경, 2013)
시기구분과 시기명칭은 한국보건사회연구원(1991), 인구정책 30년

정책들이 무색하게도 2021년 수도권 기준 평균 출산율이 0.6명대로 떨어지고 있는 실정이다. 2022년 현재 한국은 합계 출산율이 0.77명으로 예상되고 있으며, 지구상에서 출산율이 가장 낮은 나라가 되었다. 불과 몇십 년 후에는 국가의 소멸을 예상하는 이들이 있을 정도로 험악한 실정이다. 이러한 심각한 저출산율의 배경에는 양육의 난이도가 높아진 것이 한몫을 하고 있는데, 패밀리의 급격한 해체는 양육을 어렵게 만든 주범이기도 하다.

4

마을에 있었던 연령 통합형 놀이집단의 해체

2001년 보육사업 중장기 종합발전계획이 발표된 이후, 공공보육 시설의 인프라를 확보하고 보육료를 지원하는 사업이 크게 확대되었다. 해마다 공공보육 시설은 증가하고 있고, 보육시설 이용 아동은 전체 아동 수의 50%를 훌쩍 넘었다. 어린이집 이용 아동은 만 0세부터

연령	단일연령					혼합연령				
	0세	1세	2세	3세	4세 이상	0세와 1세	1세와 2세	0세와 2세	2세와 3세	3세와 4세
교사:영유아 비율	1:03	1:05	1:07	1:15	1:20	1:03	1:05	불가	불가	1:15
초과보육 허용인원	1	2	3	3	3	초과보육 시 낮은 연령을 기본으로 지자체에 따라 탄력적 운영				
초과보육 시 교사:영유아 비율	1:04	1:07	1:10	1:18	1:23					

어린이집 교사 대 영유아 비율

만 5세까지를 기본으로 하지만, 전 연령의 아동이 이용할 수 있다. 어린이집에서는 연령별 교사 대 영유아 비율의 기준을 보육사업 안내 지침에 명시하여 돌봄을 실시하도록 하고 있다. 보육사업 안내지침에 따른 인원수는 보육료 지원과 이어져, 더 많은 단일 연령 학급을 구성

구분	유치원				어린이집							
	계	국립	공립	사립	계	국공립	사회복지법인	법인단체 등	민간	가정	협동	직장
2000	545,263	272	121,936	423,055	686,000	99,666	157.993	15,949	336,625	67,960	미분류	7,807
2001	545,142	263	122,152	422,727	934,192	102,118	161,416	216,483	367,044	77,247	미분류	7,881
2002	550,256	267	119,301	430,688	800,991	103,351	142,035	30,289	425,647	90,939	미분류	8,730
2003	546,563	269	120,592	425,702	858,345	103,474	4140,994	37,991	461,640	103,935	미분류	10,391
2004	541,713	268	123,638	417,807	930,252	107,335	135,531	48,414	507,398	119,787	미분류	11,787
2005	541,603	253	124,030	417,320	989,390	111,911	125,820	56,374	552,360	129,007	933	12,985
2006	545,812	253	121,071	424,488	1,040,361	114,657	120,551	58,808	582,329	148,240	1,238	14,538
2007	541,550	261	118,161	423,128	1,099,933	119,141	118,211	55,906	612,484	177,623	1,444	15,124
2008	537,822	249	118,879	418,694	1,135,502	123,405	113,894	53,818	615,647	210,438	1,491	16,809
2009	537,361	231	125,305	411,825	1,175,049	129,656	112,338	52,718	623,045	236,843	1,655	18,794
2010	538,587	236	126,341	412,010	1,279,910	137,604	114,054	51,126	671,891	281,436	1,898	21,901
2011	564,834	240	125,855	438,739	1,348,729	143,035	112,688	50,676	706,647	308,410	2,286	24,987
2012	613,749	226	127,121	486,402	1,487,361	149,677	113,049	51,914	768,256	371,671	2,913	29,881
2013	658,188	225	141,827	516,136	1,486,980	154,465	108,834	51,684	770,179	364,113	3,226	34,479
2014	652,546	258	148,011	504,277	1,496,671	159,241	104,552	49,175	775,414	365,250	3,774	39,265
2015	682,553	256	161,088	521,214	1,452,813	165,743	99,715	46,858	747,598	344,007	4,127	44,765
2016	704,138	258	170,091	533,789	1,451,215	175,929	99,113	45,374	745,663	328,594	4,240	52,302
2017	694,631	249	172,272	522,110	1,450,243	186,916	96,794	43,404	738,559	321,608	4,508	58,454
2018	675,998	249	172,121	503,628	1,415,742	200,783	92,787	41,298	711,209	302,674	4,360	62,631
2019	633,913	275	177,055	456,583	1,365,085	232,123	86,775	38,538	664,106	273,399	4,121	66,023

연도별 유치원 및 어린이집 영유아 수

하고 더 많은 아이들이 이용할수록 어린이집 운영에 도움이 되는 구조를 갖게 되었다. 자연스럽게 아이들은 영아기부터 단일 연령으로 구성된 반에서 생활하고, 생활 지도는 교사 중심으로 진행되었다. 아이들은 이렇게 유아기부터 동일 연령 아이들과 놀고 생활하는 데 익숙한 환경에 길들어져 가고 있다.

5

핵가족 육아의 어려움

결혼 후 첫아이 출산을 앞두고 3개월 출산휴가를 냈다. 아이의 돌 때까지는 육아휴직을 신청해 직접 양육을 하고 싶었는데, 직장에서 육아휴직을 승인해 주지 않았다. 비슷한 시기에 출산한 팀장님이 육아휴직 없이 직장에 복귀하는 바람에, 육아휴직을 신청하는 것도 쉬운 일은 아니었다. 출산 후 친정엄마의 도움으로 산후조리를 했다. 산후조리 기간 동안 엄마 덕분에 가사일은 해방되었으나, 처음 해보는 육아는 쉽지 않았다. 2~3시간 간격으로 젖을 먹이고, 기저귀를 살피고, 100일이 되기까지 깊은 잠을 자는 것은 꿈같은 일이었다. 산후조리가 끝나고 집에 돌아온 후부터는 육아와 가사일을 함께 해야 했다. 퇴근한 남편이 도움을 주긴 했지만, 아이를 씻기는 일, 매일매일 쌓이는 아이 빨래와 육아용품들을 소독하는 일을 모두 대신 해주기는 어려웠다. 아이가 기고, 걷기 시작하면서 양육은 더 어렵게 느껴졌다. 아

이가 언제 어디로 튈지 몰라서, 모든 감각이 아이를 향해 있었다. 방심하면 아이가 다칠 것 같았다. 식사, 목욕, 화장실 등 거의 모든 활동에서 늘 동시에 육아를 해야 하는 느낌이었다.

아이를 돌보는 것보다 더 힘들 때는 아이를 돌보는 동안 사회적으로 고립되어 있다고 느낄 때였다. 가끔 친정엄마가 도와주러 오실 때를 제외하고 아이와 늘 붙어 있었다. 아이를 데리고 외출하는 것이 힘드니, 느는 것은 온라인 쇼핑이었다. 가족 외에 유일하게 자주 만나는 사람이 택배 기사님이었다. 출산과 함께 나의 소속이 사라진 느낌이 들었다. 가족 안에 속해 있다고 하기에는 남편과 나, 말 못하는 갓난 아이뿐인 구성원은 너무 단출했다. 만족스런 인간관계를 이루기가 어려웠다.

둘째 아이를 기르면서는 또 다른 어려움이 있었다. 바로 아이가 함께 놀 수 있게, 또래 아이들을 만나게 하는 일이었다. 둘째를 출산하면서부터 육아휴직을 사용할 수 있게 되어 1년을 쉴 수 있었다. 큰아이는 어린이집에 보내고, 낮 시간에는 혼자 둘째를 돌봤다. 4시쯤 되면 어린이집에서 하원하는 아이를 마중 간다. 어린이집 차에서 내리면 놀이터에 들러 놀다 가는데, 아이는 많은 아이들 사이에서 혼자 논다. 가만히 살펴보니 놀이터에 모인 아이들과 엄마들 사이에는 이미 커뮤니티가 형성되어 있었다. 아이를 같은 어린이집에 보내거나 같은 아파트에 살아 이미 관계가 형성된 엄마들끼리의 커뮤니티였다. 엄마들의 커뮤니티 속한 아이들끼리는 함께 움직였다. 부모들이 아이들을 주도했다. 직장 생활을 하다 이제 처음 쉬게 된 나는 "새로 이사 오셨나 봐요. 처음 봬요"라는 인사를 자주 들었다. 엄마들과 몇 차례 이야기도 나누고 차도 마실 기회가 생겼지만, 이내 함께하기 어렵겠다고 느꼈다. 엄마들의 대화는 대부분 아이들의 사교육 이야기, 남편 이야기, 독박육아에 대한 토로 등이 주를 이루었다. 아이의 놀이터 친구를 만들어 주기 위해, 마음에 맞지 않는 엄마들의 커뮤니티에 들어가기에는 무리가 많았다. 하지만 아이의 놀이 상대가 되어 주지 않으면 아이에게 시달려야 했다. 아이와 노는 것은 생각보다 힘들고 피곤했다. 아이가 놀고 싶은 만큼 실컷 놀아 주기도 어려웠다. 아이가 마음껏 놀고 소통할 수 있는 친구들이 절실히 필요했다.

아이가 하나에서 둘, 셋이 되었다. 아이들이 자라는 동안 예측하지 못한 많은 일들이 있었고, 어려움을 해결하는 지혜가 필요했다. 그 일을 다른 사람의 도움 없이 혼자서 다 감당해야만 할 때 느끼는 어려움은 매우 컸다. 부부 이외에 가까운 친족의 도움을 받는 것도 쉽지 않았다. 가깝게 지내는 이웃이 없다면 아이를 돌보고, 놀아 주고, 가르치

는 일까지 모두 부모가 감당하는 것은 불가능해 보였다. 이런 불가능한 일을 현대 사회에서는 부모가 당연히 해야 하는 노릇으로 받아들인다. 자녀양육도 개인의 능력만큼 해야 하는 사회가 되었다. 개인의 능력은 결국 돈 문제로 귀결되어, 자녀양육도 경제적 능력이 있는 사람이 잘할 수밖에 없다. 그러니 자녀양육은 점점 더 어려운 일, 경제적인 능력을 키워 해결해야 하는 일이 되어 가고 있다.

6

국가교육의 배경과 목적

의무교육이 도입되기 전 서양 중세 시대의 교육은 귀족 집안 자녀들의 전유물이었다. 남성들은 주로 기사로서의 자질과 궁정 예법을 익혔는데, 신체 단련, 사냥법, 마상결투법, 전투 기술 등이 귀족 집안 자제들이 반드시 배우고 익혀야 할 핵심 과제였다. 여성들은 쓰고 읽는 법을 통해 문학적 소양을 갖췄다. 우리나라도 마찬가지였는데, 고려 시대의 최고 교육기관이었던 국자감은 입학 자격이 계급별로 다른 귀족 위주의 교육기관이었다. 조선 시대에 관료로서 출세할 수 있는 유일한 길이었던 과거 제도 또한 양반 자제들에게만 기회가 주어졌다.

의무교육이 생겨나기 전 글공부는 귀족들에 의해 행해졌고, 직업은 신분에 따라 나뉘어 있었다. 조선 시대 양반들은 글공부를 통해 관료직에 올랐으며, 상민은 농사와 수공업을, 천민은 노비와 백정 등의 직업을 가졌다. 직업교육은 마을에서 주로 이뤄졌으며, 농경 사회에서는 만 3세가 넘어가면 밭일이나 논일을 도우며 농사일을 배워 물려받았다. 부모가 노비이면 자식도 노비가 되었다. 예전에는 직업이 결정된 뒤 그에 따른 교육을 받았지만, 지금은 직업이 결정되지 않아 무차별적인 교육을 통해 직업을 준비하고 있으며, 이에 따르는 과도한 사회적 비용을 지출하고 있다.

의무교육의 목적은, 산업혁명 이후 자본주의 생산과 발전에 종사하는 노동자들이 착실하게 노동자 생활을 영위하여 노동 생산성을 증진시키기 위한 것이었다. 교육의 목적이 질 좋은 노동자를 생산하는 데 있기 때문에, 학교에서는 인간이 살아가는 데 가장 중요한 사회적 능력과 품성을 기르는 일은 주변으로 밀려나 있다. 인간에게 사회적 능력이 생기면 통치자들은 다스리기가 어려워지기 때문이다. 모든 사람이 견고한 사회를 형성하고 사회적 능력을 확보하여 누구나 힘있는 자가 된다면 통치권력은 그들을 강제하기 쉽지 않을 것이다. 질 좋은 노동력을 생산하는 목적이 아니었다면 학교교육 제도는 시작되지 않았을 가능성이 크다.

국가교육을 생각하면 가장 먼저 떠오르는 것이 "우리는 민족중흥의 역사적 사명을 띠고 이 땅에 태어났다"로 시작하는 〈국민교육헌장〉이다. 1968년에 제정되어 1994년 이후 사실상 사라진 이 헌장을 무슨 뜻인지도 모르고 달달달 외웠다. 한글을 배우기 시작한 어린아이들에게 비장한 마음까지 들게 했던 이 헌장에는 국가가 교육을 통해 이루고자 하는 목적이 잘 반영되어 있다. 국가주의 교육 체제에서는 국가가 교육 정책을 결정하고, 국가가 세운 학교는 그 정책을 집행하며, 피교육자인 학생과 학부모는 학교가 하는 일에 무조건 따르기만 하는 것이 전제이다. 지배 집단의 이해관계에 기초하고 있는 이데올로기를 학생들에게 주입시키는 역할을 학교가 맡았던 것이다. 가장 막강한 영향력을 행사한 집단이 바로 자본 계급이다.

우리나라의 6-3-3학제 또한 학생들을 새로운 자본주의적 기업 질서의 필요에 부응하여 준비시키기 위해, 해방 이후 미군정에 의해 제정되었다. 6-3-3학제는 학교가 노동시장의 필요에 맞춰 인력을 공급하기 위해 학생을 지능검사로 분류하여 집단별 특성에 따라 차등적 교육을 실시하기 위한 학제였다. '한국을 위해 마련된 보편교육'이라는 1946년 보고서에 따르면, 해방 직후 일제하의 4년제 중등과정은 6년의 중등교육으로 늘어나게 되는데, 이 학제의 도입을 강력히 주장한 세력은 보수적 기업가들이었다. 미군정이 한국인들을 위해 실시

한 교육기회 확대 정책은, 학교교육을 사회적 신분 상승의 유일무이한 수단으로 만듦으로써, 학교교육의 가치를 증폭시키는 역할을 했다. 이 정책의 이면은 권력과 영향력을 행사하는 집단에 유리한 내용이지만, 많은 부모들과 학생들은 교육을 통해 신분이 상승될 수 있는 자기 이익의 도구로 보았다. 이 정책으로 인해 교육의 힘과 가치에 대한 강한 신화가 생겨났으며, 지금의 과도한 경쟁교육에까지 이르게 되었다. 현재의 국가교육은 획일화된 주입식 수업으로 몰아넣어 학습에 관심 없는 학생들에게 자신이 수행할 직업과 관계없는 지식까지 배우도록 강요하고, 훌륭한 인성을 지닌 성인으로서의 준비도 제대로 시키지 못할 뿐만 아니라, 대다수 탈락자들을 차별화하고 무시하여 열등감을 갖게 하였다. 이런 결과는 학업을 중단하는 학생들이 점차 늘고 있는 현실로 나타난다.

7

컨베이어 벨트식 교육 환경

우리나라는 1948년 헌법 제31조에 "모든 국민은 균등하게 교육을 받을 권리가 있음"을 명시하고, "적어도 초등교육은 의무이며 무상으로 한다"고 규정하였다. 1949년에는 교육법 제8조에 "모든 국민은 6년의 초등교육을 받아야 할 권리가 있다"고 규정하고, 1950년 6월 1일 의무교육 시행에 들어갔다. 그러나 6 · 25전쟁 발발로 시행이 일시적으로 중단되었다가, 1952년 4월 교육법 시행령 공포 이후 본격적으로 의무교육 정책이 추진되었다. 이후 1954년부터 1971년에 이르기까지 초등 의무교육 정책을 완성하여 교육이 국가 발전의 원동력이라는 인식을 높이는 데 주력하였다. 이후 1971년 중학교 무시험진학제로 중학교 평준화 실시, 1984년 중학교까지 의무교육 확대, 2001년 12월 중학교 의무교육이 전면적으로 추진되었다. 2021년에는 고등학교도 의무교육으로 전면 확대되었다. 이로써 우리나라는 초

등학교부터 고등학교까지 6-3-3년을 의무교육으로 학교교육에 참여해야 하는 상황이 되었다.

오늘날의 공교육 시스템은 산업화의 필요에서 비롯되었다. 교육의 목표는 고용 시장에서 필요한 균질한 고급 노동력을 생산하는 것이다. 여기에는 두 가지 주요 함의가 있는데, 가장 유용한 과목이 상위권에 있고, 대학들이 그들의 이미지에서 교육 시스템을 설계한다. 그래서 거의 모든 고등학교는 대학에 가야 한다는 조언과 의무감을 느끼며 방향 없이 대학을 입학하고 방향 없이 졸업을 한다. 결과적으로 매우 성취도가 높은 엘리트 대학생들이 대다수 이력서 확장에만 초점을 맞춰, 창의적이고 다양한 학습과 경험을 하지 못하는 한계를 가지고 있다. 공교육 시스템의 문제 중 하나는, 모든 아이에게 동등하게 기계적으로 적용되는, '컨베이어 벨트' 구조의 교육 환경에서 비롯된다. 해마다 한 등급씩 또박또박 기계적으로 발달하는 아이는 6

명 중 1명에 불과하기 때문이다. 한국의 공교육 시스템의 거의 모든 수준은 표준화된 시험에 의존하고 있다. 시험은 학생들의 지적 가치를 결정하기 때문에 학생들은 좋은 점수를 받아야 한다는 압력을 받는다. 교사들은 학생들이 시험을 얼마나 잘 보는지에 따라 가르치는 등급을 매기고, 학교는 학생들의 시험 점수에 따라 명예와 자금(예산)을 얻는다.

이런 교육 환경에서 자란 아이들은 머리와 마음도 기계적으로 자랄 수밖에 없다. 아이들의 정신건강에도 큰 영향을 미친다. 아이들은 아직 준비되지 않았거나, 수행하기에 적합하지 않은 것들을 시도하도록 강요받는다. 그것을 할 수 없을 때 비난받기 때문에 콤플렉스와 불안감이 높아진다. 잘해야 한다는 압박감이 스트레스와 불안을 유발한다. 안타깝게도 이런 한국의 교육 환경은 변화하기 어렵다. 교육이 노동시장과 연결되어 있기 때문이다. 이런 교육 환경에 참여하는 아이들에게 우리가 해줄 수 있는 것은 학교에서 배우지 않는 사회적 영역을 제시하는 새로운 교육 환경을 만드는 것이다. 부모, 교사 등 어른들에게서 배울 수 없는 아이들만의 커뮤니티를 통해서 말이다.

8

육아는 자아실현의 최고 단계

1943년 에이브러햄 매슬로우(Abraham H. Maslow)는 인간의 욕구에 관한 5단계 학설을 발표했다. 인간의 욕구는 가장 낮은 단계인 생리적 욕구, 둘째 단계인 안전의 욕구, 셋째 단계인 사랑과 소속의 욕구, 넷째 단계인 존경의 욕구를 지나, 가장 높은 단계인 자아실현의 욕구로 발전한다는 가설이다. 이 가설은 과학적 근거가 없음에도 불구하고 남용되다시피 했는데, 그중에서도 발전의 최고 단계라는 자아실현은 남용의 정도가 심각하다.

아이들은 국가교육 과정 속에서 직업을 통한 자아실현이라는 근거 없는 가설을 당연하게 배우고 받아들이게 된다. 국가교육의 목적이 질 좋은 노동력의 생산에 있기 때문에, 그리고 질 좋은 노동력은 불만이 없어야 하기 때문에 직업 소명설이나 직업 자아실현설은 훌륭한 가설인 것이다. 돈 한 푼 안 주고도 일을 부려먹는 마법 같은 열정페이가 가능한 것도 직업을 통한 자아실현이라는 허구가 개개인의 심리에 작동한 까닭이 매우 크다. 자아실현을 강조하면서 얻게 되는 새로운 노동력도 있다. 노동력에는 남녀 구별이 없기 때문에, 여성 인구를 노동력으로 끌어들이는 일은 산업자본가의 매우 중요한 과제였다. '직업을 통한 여성의 자아실현'이라는 환상은 여성 인구를 끌어들이는 일에 크게 기여하였다. 직업을 가지는 것이 자아실현 등의 이념으로 정당화 혹은 장려되면서 여성의 노동시장 진입이 가속화될수록, 여성만의 고유한 영역인 임신과 출산, 육아의 가치 또한 급격히 떨어졌으며, 양육 문제는 국가가 정책적으로 보육시설을 확대함으로써 해결하게 되었다. 아래 표에 제시된 내용을 보면, 대다수의 여성들이 직업활동의 의미를 자아실현 또는 자아실현과 경제적 필요라고 답했으며, 직업은 필수, 출산은 선택이라고 응답했다.

여성의 산업노동력화가 확대되면서, 육아에 대한 인식에도 많은 변화가 생겼다. 육아정책연구소의 2021년 자료에 따르면, "부모가 되는 일은 행복한 일이다, 부모 교육이 필요하다, 영유아는 가급적 부모가 직접 돌봐야 한다, 어머니가 우선적으로 양육을 담당해야 한다" 등의 부모됨과 관련한 문항에 대한 긍정적인 인식은 날이 갈수록 줄어들었다. 결혼 및 자녀양육관에 대해서는, 결혼을 해야 한다는 비율이 갈수록 낮아지고 자녀의 필요성에 대해서도 낮은 응답률을 보이고 있다. 그에 반하여 "양육은 경제적으로 부담이 된다, 양육은 육체적으로 힘든 일이다" 등의 부정적 인식이 점점 더 늘어나고 있다.

자아실현은 정체성, 자존감, 보람, 의미, 가치 등과 유사한 말이다.

자아실현은 매슬로우의 욕구 이론에서 비롯되었지만, 매슬로우의 욕구 이론이 별다른 과학적 근거가 없는 가설이기 때문에, 과학적 근

이름	취업 상태	직업의 필요성	직업활동의 의미	출산의 필요성	일·육아 자아지향	일·육아 만족도	이상적 돌봄 주체
A	미취업	필수	자아실현+경제적필요	선택	일중심	불만족	가족
B	미취업	필수	자아실현+경제적필요	선택	일중심	불만족	국가
C	미취업	필수	자아실현	선택	일중심	불만족	국가
D	미취업	필수	자아실현	선택	일중심	불만족	국가
E	미취업	필수	자아실현+경제적필요	선택	일중심	불만족	국가
F	미취업	필수	자아실현	선택	일중심	불만족	국가
G	미취업	필수	경제적필요	선택	자녀중심	만족	가족
H	미취업	선택	동기결여	선택	자녀중심	만족	가족
I	미취업	필수	경제적필요	선택	자녀중심	만족	가족
J	미취업	선택	동기결여	선택	자녀중심	만족	가족
K	미취업	필수	자아실현+경제적필요	선택	일중심	불만족	가족
L	취업	필수	자아실현+경제적필요	필수	일중심	만족	가족+국가
M	취업	필수	자아실현	선택	일중심	만족	가족+국가
N	취업	필수	자아실현	선택	일중심	불만족	가족+국가
O	취업	필수	자아실현	선택	일중심	불만족	가족+국가
P	취업	필수	자아실현	선택	일중심	불만족	가족+국가
Q	취업	필수	자아실현	선택	일중심	만족	가족+국가
R	취업	필수	자아실현+경제적필요	선택	일중심	만족	가족+국가
S	취업	필수	자아실현	선택	일중심	불만족	가족+국가
T	취업	필수	자아실현	선택	일중심	불만족	가족+국가
U	취업	필수	자아실현	선택	일중심	만족	가족+국가
V	취업	필수	자아실현	선택	일중심	만족	가족+국가
W	취업	필수	자아실현+경제적필요	선택	일중심	만족	가족+국가
X	취업	필수	자아실현	선택	일중심	만족	국가

직업활동의 의미

거에 따라 수정된 새로운 욕구 이론이 주장되었다. 켄릭(Douglas T. Kenrick) 등이 발표한 생물학적·진화론적 근거를 가지는 새로운 욕구 이론이 그것이다. 켄릭 등은 인간의 가장 궁극적인 목표인 자아실현의 자리를, "배우자를 만나 자녀를 낳고 양육하는" 생물학적 번식의 실현으로 대체하고 있다. 각 욕구 단계가 단절되고 독립적인 형태를 취하는 매슬로우의 피라미드와 달리, 이들의 피라미드는 하위 욕구가 상위 욕구에서도 중첩되어 나타나며, 여전히 영향력을 미친다는 것을 보여 준다. 여성의 임신과 출산, 양육 과정과 자아실현이 상반된 의미를 갖는 일반적인 개념에 빗대어 보면, 켄릭 등이 재조명한 욕구 피라미드는 아이러니할 수밖에 없다. 매슬로우의 욕구 이론 중 가장 상위에 위치해 있는 자아실현 자리에 '양육'이 자리 잡고 있기 때문이다.

모든 생물은 아이를 낳고 기르는 것이 삶의 목적이자 보람이다. 즉, 육아의 과정이야말로 자연스런 '자아실현'으로 볼 수 있는 것이다. 켄릭 등이 제안한 욕구 피라미드에 비추어 보면, 요즘 유행하는 '독박 육

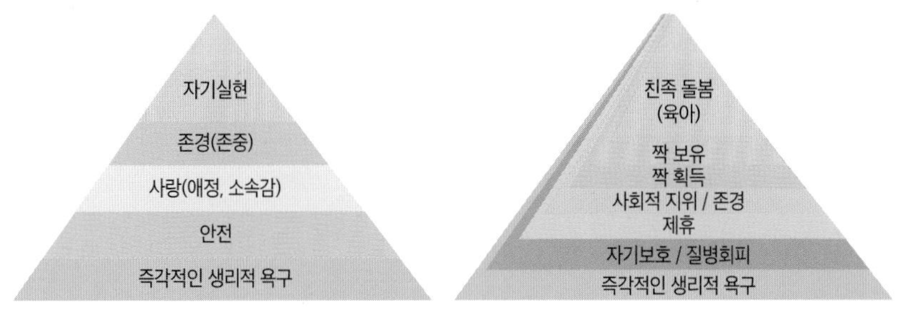

Source: Classic vs Renovated Pyramids. Original by Douglas T. Kensick

아'라는 말 자체가 "나는 아이 키우기 싫다"는 뜻이어서, 인간 본성에 어긋날 뿐더러, 모든 생물의 기본적인 욕구이자 목적인 안전, 먹이, 번식이라는 본능적 욕구의 생태계를 거스르는 말이라고 할 수 있다.

1960년대 산업화가 시작된 이후 70년대 출산 억제 정책, 90년대

여성의 노동시장 유입 과정이 진행되면서, 1970년대에 태어난 부모들이 출현하였다. 그들은 직업을 통한 자아실현이 인간의 궁극적 욕구라는 교육을 받고 자라서, 자아실현을 위해 직업 전선에 뛰어들어 경쟁하고, 보육시장에 아이를 맡기며 갖게 되는 괴로움을 온몸으로 맛보았다. 이 연령대 부모들은 사교육 연령을 낮춰 가며 좋은 직업을 향한 아이 교육에 몰두하였지만 잘 안된다는 것을 경험한 세대이다. 80년대에 태어난 부모들도 70년대에 태어난 부모들과 크게 다르지 않았고, 이제 90년대에 태어난 사람들이 부모가 되기 시작했다. 해를 거듭할수록 여성은 직업이 우선이며, 여성과 남성 모두 출산과 육아를 당연하게 받아들이지 못하고 선택사항으로 여기고 있다.

부모가 자녀양육을 보육시장에 맡기고, 교육의 중심을 직업교육이 목적인 국가교육에 의존하게 되면서, 아이들은 살아가면서 꼭 필요한 것들을 배울 수 없게 되었다. 그뿐만 아니라, 교사가 통제하는 연령별 놀이집단은 남아 있지만, 아이들이 주체가 되는 자유로운 연령 통합 놀이집단은 남아 있지 않아서, 선후배 사이의 인간관계 형성을 배울 수 없게 되었다. 그리고 어린이집부터 직업교육이 강화되고 있어 인격 형성에 필요한 교육의 기회가 더욱 줄어들고 있다.

9

연령 통합 놀이집단의 교육능력

연령 통합 놀이집단은 왜 중요한가? 이른 나이에 학습과 경쟁, 가족 구조와 기능의 변화를 경험하며 개인의 가치를 우선시하고 성장한 20대 이후 청년들의 자살이 최근 증가하고 있다. 어린 시절 놀이집단에서 경험해야 하는 사회적 정체성, 협력, 유연함, 포용력 등등을 제대로 배우지 못했기 때문에, 성장 과정에서 부딪치는 스트레스 상황에서 적절한 대응을 하기 힘들다. 한마디로, 어린 시절 연령 통합 놀이집단의 가장 중요한 역할은, 교과 과정이 미처 채워 주지 못하는, 생존능력을 비롯한 인간의 다양한 사회적 능력에 대한 교육이다.

인간은 동물 중에서 유년기가 가장 길다. 사회가 정한 성인의 기준인 만 19세가 될 때까지 20년에 가까운 기간을 어른들의 보살핌 속에서 산다. 인간이 어떤 동물보다도 사회적 능력을 극대화시킨 데는, 비정상적으로 긴 기간의 유년기가 있다. 이 긴 기간 동안, 아이들은 사회의 구성원으로 살아가는 최고의 생존능력을 배우게 되는 것이다. 오랜 유년기 동안 아이들에게, 재미있게 사는 법을 가르쳐 주고 터득하도록 하는 최고의 교사는 형, 누나, 오빠, 언니, 동생들이 있는 놀이집단이다. 이들은 매일같이 모여 달리기와 숨바꼭질을 해도 날마다 새롭고 신나고 흥미진진하다. 놀면서 성장하고 말과 행동하는 실력이 늘어 간다. 신체가 튼튼하게 성장하면서 어른들에게 일을 배우며 일을 돕게 되는데, 이때에도 형, 누나, 오빠, 언니들이 선배로서 훌륭한 교사이며 조교이며 팀장이 된다. 성장한 만큼 동생들과 놀아 주고 가르치는 실력 또한 늘어 간다. 선순환된 놀이집단의 역동 가운데 아이들은 보면서 배우고 놀면서 터득하고 성장한다.

아이들의 공동체, 곧 연령 통합 놀이집단의 연령 구성은 5세부터 13세까지의 아동들이다. 5세부터 13세까지의 다양한 연령이 축구, 피구 등이 가능할까? 동등한 수준의 선수들로 구성된 팀을 생각하면

불가능한 일이지만, 팀의 균형만을 생각하면 가능한 일이다. 큰아이들은 답답함에 속이 터지고, 어린 동생들은 힘겨운 역할과 새로운 규칙에 눈만 끔뻑거린다. 그래서 팀을 정하는 것부터 새로운 규칙을 만들고, 전략을 세우고, 전략에 따라 역할을 정하는 일은 무척 중요하다. 이렇게 아이들이 자유롭게 놀이를 재구성하고, 새로 만들고, 선택하고 이끌어 가는 일들을 주체적으로 진행하게 된다. 그들은 자연스럽게 자신이 주도적으로 사는 것에 대한 이해와 실행력을 배워 나간다. 이러한 놀이집단에서의 경험은 학교나 별도의 학습을 통해서 배움이 일어나는 것이 아니라, 함께 놀며 생활하는 가운데 자연스럽게 배움이 일어나는 것이다.

아이들은 놀이를 통해, 어른들과 함께 살면서 배우는 것들을 자신들이 주체가 되어 다시 살아 보며 그 의미를 이해하고, 여러 가지 현실적 제약을 넘어서서 다양한 방법들을 실험하며 자신들이 살아갈 세상을 그려 가는데, 이것이 '놀이문화'이다. '놀이문화'는 공간, 시간, 관계라는 현실적 제약을 넘나들며 아이들 스스로가 주체가 되어 실험하며 만들어 가는 삶의 확장이며, 성장 가능성으로서의 교육 과정이라고 할 수 있다. 연령 통합 놀이집단은, 더 재미있게 놀 수 있는 창의적 방법의 개발, 갈등과 타협 등 사회적 윤리를 배울 수 있게 한다. 이는 사회에서 필요한 태도와 삶의 방식을 몸에 익힐 수 있음을 의미한다. 사회는 다양한 관심과 전문성을 가진 사람들로 이루어진 상호관계의 네트워크다. 그 관계에 접속하고 참여할 수 있는 능력과 태도를 연령 통합 놀이집단에서 처음 학습하게 된다. 아이들이 관계와 의사소통에 참여하여 친구, 구성원, 지역사회, 자연을 이해하고 함께 살 수 있는 태도를 형성하면서, 협동적 유대, 상호 인격적 관계가 성장한다.

아이들의 개별성과 자발성을 장려하지만, 동시에 자기 자신과 다른 것을 긍정하고 배울 수 있는 관계에 참여하는 것도 매우 중요하다. 우리가 함께 살아가기 위해서는 개개인의 자유와 존엄성을 강조하는 동시에, 독립적인 개인들이 서로를 긍정하며 돌보는 협업적 자세가 필수적이다. 놀이집단 내의 협업적 관계는 아동의 자율성과 창의력을 저해하지 않고 오히려 공통점과 차이를 인식하여 더 합리적 의견을 채택하게 됨으로써, 자기 색깔과 자기 목소리를 내게 한다. 자율성과 창의성은 개인의 개별적인 활동이 아니라 수직적 · 수평적 관계 속에서 계발된다. 건강한 관계를 체험하고 관계 맺기에 자신감이 생긴 아

이들은 다른 환경에도 잘 적응한다. 이런 점에서 연령 통합 놀이집단은 관계와 참여의 체험이며 교육의 확장이다.

학교에서 배우는 획일적이고 정형화된 인지교육의 한계를 넘어, 놀이집단 안에서는 일상적 경험을 통해 몸과 마음으로 체득하여 더불어 사는 삶을 배운다. 즉, 함께 먹고, 입고, 일하고, 놀고, 잠자고, 갈등을 겪거나 상처 입는 모든 일은, 배우는 과정에서 중요한 의미를 갖는다. 놀이에서 규칙은 중요하다. 마을의 놀이집단에서 민속놀이나 골목놀이가 이루어졌던 자리에는 계획하고 통제하는 어른들이 없다. 아이들끼리 합의한 규칙을 서로 준수하기로 약속하고 실행했기 때문에, 어른들의 통제가 필요 없는 것이다. 다툼이 일어나더라도 이를 조율하고 타협하며 놀이를 지속하기 위해서, 규칙은 객관적 기준을 정하는 중요한 잣대가 된다.

어른들은 '미성숙'을 핑계로 아이들을 보호하고 간섭하며 도움을 필요로 하는 존재로 여긴다. '0513커뮤니티'를 통해 바라본 아이들은 '아직 경험하지 않은 다양한 존재'였다. 5-13세 아이들에게 한 살의 나이 차는 어른들에게는 10년 경험의 차이와 비슷하다고 볼 수 있다. 아직 경험하지 못한 것들을 자신보다 레벨이 높은 선배들을 통해 배우는 과정이 '0513커뮤니티'를 통해 이루어지는데, 일생 동안 배울 거의 모든 생존교육이 이 놀이집단 안에서 행해진다. 교육 주체인 아동들의 연령 통합 놀이집단에서 어른들의 보호와 도움은 사실 필요치 않다. 레벨이 높은 아동들이 그 몫을 대신하고 있기 때문이다. 다양한 연령이다 보니 쉽게 접하지 못했던 거친 말과 행동에 두려움을 느끼

기도 하지만, 그 상황을 받아들이거나 극복하며 유쾌하게 용서하는 방법도 알아 간다. 소속이 주는 즐거움과 안정감을 느끼고 거절과 실패를 경험하며 무엇이든 해보고 싶은 마음이 생긴 아이들은 직접 실행에 옮겨 배우고 도전한다. 연령 통합 놀이집단을 통한 공동양육의 주체의 무게는 부모보다 놀이집단에 있다. 놀이집단에서 고려해야 할 것은 충분히 놀 수 있도록 해주는 것뿐이다. 아이들은 생활이 곧 놀이다. 함께 생활한다는 것은 곧 함께 논다는 것이며, 함께 논다는 것은 넓은 의미로 해석해 보면 아이들의 사회를 구성하는 것이다.

10

연령 통합 양육을 구심점으로 하는 마을만들기

한동안 마을만들기 사업이 지방자치단체마다 유행처럼 번졌다. 마을만들기 전담기구나 지원센터를 조직하고 조례를 만들어 지원 근거를 마련하는 등의 노력을 기울였다. 하지만 보여주기식 시설 설치와 외관 가꾸기에 한정되어 마을의 특성이나 고유성을 훼손하거나 마을 사람들의 삶을 침해하는 등의 부작용을 낳는다는 평가를 받고 있다. 교육계도 마을교육이 화두다. 지방자치단체마다 다양한 마을교육공동체들이 생겨나고 있다. 전주시는 전주교육지원청과 의기투합해 마을교육을 핵심 사업으로 하는 전주야호교육통합지원센터를 마련했다.

현대 사회의 마을만들기가 지리적 개념의 것이 아니듯이, 마을교육 또한 좋은 프로그램을 유치하여 진행하는 것이 아니다. 농경 사회에서 마을이 가진 가장 큰 역할은 생산과 함께 아이들을 길러 내는 일이었다. 따라서 지금도 양육 활동을 중심으로 마을을 만든다면 가장 자연스럽고도 쉬운 방법이 된다. 이미 30대 초반에서 50대 후반까지의 사회 핵심 구성원들이 생애 중요한 시기에 양육자 역할을 수행하며 살아가고 있다. 이들은 돌봄과 교육 문제를 개별적으로 극복하기에 벅찬 상황에 놓여 있고, 아이들은 살아가는 데 필요한 사회적 능력을 배울 길이 없다.

마을은 이런 문제를 해결하기 위한 사람들끼리의 '관계망'으로 만들어져야 한다. 관계 중심의 마을은 돌봄과 교육 문제 해결을 개인의 일이 아닌 공동체의 일로 여기는 사람들이 연합할 때 가능하다. 이 마을에서는 아이들의 건강한 발달과 성장에 필요한 배움이 일어날 수 있는 아이들의 연령 통합 놀이집단을 만들고, 아이들을 둘러싼 부모, 교사, 교육활동가들은 아이들의 커뮤니티가 잘 운영될 수 있게 지원하는 역할을 한다. 아이들은 유아기와 아동기에 배워야 할 사회적 능

력을 자연스럽게 습득함으로 이후 청소년-청년-성인기에 건강한 사회화 과정을 밟게 된다. 부모들은 양육 부담 해소와 함께 양육에 참여하는 이웃들끼리의 관계가 강화됨으로 즐거운 마을 생활을 유지한다.

자녀양육을 중심으로 형성되는 마을은 영유아에서 초등 · 중등 · 고등학생까지를 포괄하는 폭넓은 세대와 그들의 부모 세대가 함께한다. 연령으로 보면, 0-50세 중에 20대를 제외한 모든 연령을 포괄하는 광범위한 인원으로 구성되는 공동체이다. 이 마을은 연령 통합 놀이집단을 구심점으로 모이고 흩어진다.

양육 주체인 놀이집단에 속한 아이들의 부모들은 자연스럽게 함께 연대하여 놀이집단을 지원하게 된다. 지원을 기획하고 실행하는 일에 직간접적으로 참여하면서 부모들 사이의 연대는 끈끈해지게 된다. 그리고 끈끈한 연대를 바탕으로 다양한 사건과 이벤트들이 일어난다. 함께 수다를 떨며 스트레스를 푸는 일, 자기의 어려움을 토로하고 위로받는 일, 기쁨을 함께 나누며 즐거워하는 일, 봉사활동을 함께 하는 일, 독서, 영화감상, 등산 등등의 취미 활동을 함께 하는 일, 더 나아가 품앗이로 생활을 지원하고 직업을 소개하는 일에 이르기까지, 수많은 다양한 일들이 일어나게 되는 것을 상상하기는 결코 어렵지 않다. 바로 이것이 마을이다. 아이들뿐만 아니라 어른들의 삶을 지원하는 다양한 일들이 일어나는 것이다. 마을에 속한 구성원들의 삶을 직접적으로 지원하는 다양한 일들이 벌어지는, 바로 이것이 마을이다.

놀면서 서로 때리고 맞으며 다투고도 잠깐 후에는 다시 아무렇지 않게 노는 아이들을 보면서, "내 아이, 네 아이" 하며 다투는 대신 "이

러면서 크는 거지" 하며 웃어넘기는 부모로 성장한다. 이 마을은 서로의 친밀함과 애정으로 긴밀하게 뭉쳐진 공동체이기 때문에, 아이들과 부모들은 다른 집단에서 일어나는 폭력, 학대, 도덕 불감증 같은 각종 사회적 문제로부터 멀어지게 된다. 이 마을에서 자란 아이들에게 놀이집단은 진정한 고향이 된다. 그들이 성장하여 흩어져 산다고 해도 그들의 바탕을 형성한 놀이집단을 결코 잊지 못할 것이다. 그들이 어릴 때 함께한 놀이집단은 다른 어떤 사회집단도 주지 못하는 사회적 · 인격적 안정감을 주기 때문이다. 아이들에게는 고향이 되고, 부모들에게는 양육의 즐거움과 행복을 주는 마을이 우리 앞에 있다. 아이들이 행복하게 살 수 있도록 우리 부모가 앞장서 보자. 함께 키워 단단하고 든든한 마을을 우리 부모가 함께 연대하여 만들어 보자.

3장

부모는 모르는 아이들 세상

1. 미취학 아동 Q&A

Q: 3세 외동인 여자아이를 키우는 엄마입니다. 어린이집에서는 영어특별활동 수업이 없습니다. 저는 영어 강사로 오랫동안 일해서 영어 교육에 관심이 많아 우리 아이도 영어 교육에 노출시키고 싶은데 적당한 시기가 언제일까요?

A: 영어 교육은 공교육 과정에 맞추는 것이 좋습니다. 초등학교 3학년 때부터 영어를 배우니 그때 해도 늦지 않습니다. 영어 유치원, 영어 사교육 열풍이 영유아기 때부터 일어나고 있는데, 그 시기는 모국어를 배울 시기입니다. 초등학교 저학년까지는 모국어를 배우는 데 집중하는

것이 좋습니다. 다만, 본격적인 영어 공부를 위해 사전 준비가 필요하다고 생각되면 '듣기'에 집중합니다. '모두학교' 초등학교 저학년들은 1주일에 2번 30분씩 영어로 말하는 짧은 동화 영상을 봅니다. 영상을 보고 듣기만 할 뿐 별다르게 가르치지는 않습니다. 고학년이 되어야 비로소 영어 선생님과 만나게 되는데 알파벳부터 배웁니다. 학업 성취가 아이들마다 다르듯 영어도 마찬가지입니다. 일찍 배웠다고 해서 영어 실력이 좋고, 늦게 배웠다고 해서 나쁘지 않습니다. 고학년 때부터 영어를 배워도 학교교육 과정 따라가는 데 큰 어려움이 없습니다.

Q: 4세 여자아이이며 외동입니다. 어린이집에서는 낮잠도 잘 자고, 밥도 스스로 잘 먹고 양치, 신발 정리 등 아이 스스로 잘한다고 하는데 집에서는 그러지 않습니다. 늦은 밤까지 잠을 안 자고, 양치를 하거나 밥을 먹을 때도 스스로 하지 않으려고 합니다. 집에서는 왜 그럴까요?

A: 아이의 습관이나 행동이 문제라기보다는, 어린이집에는 엄마가 없고 집에는 엄마가 있다는 차이입니다. 아이들은 스스로 해야 할 일을 하지 않을 때 엄마의 반응에 민감합니다. 엄마가 자신의 행동에 영향을 많이 받을수록 자기 마음대로 엄마를 움직이려고 합니다. 따라서 엄마는 단호하게 행동합니다. 잠을 안 자면 그냥 둡니다. 밥을 스스로 먹지 않으면 먹이지 않습니다. 아이가 자신이 해야 할 일을 스스로 하지 않을 때 손해를 본다는 것을 가르칩니다.

Q： 4세 여자아이를 키우는 엄마입니다. 잘 재운다고 옆에 있다가 잠든 것을 확인하고 밖으로 나오면 다시 일어나서 엄마한테 옵니다. 아이가 깨지 않게 잘 재우는 방법이 있나요? 저도 통잠을 자고 싶어요.

A： 아이들의 잠은 엄마가 재우는 게 아닙니다. '피곤'이 재웁니다. 낮에 충분히 뛰어놀 수 있는 환경을 제공하면 밤에 잘 잡니다. 아이들이 낮에 잘 먹고 잘 놀았다면 밤에 잠도 잘 잡니다. 아이에게 "잠은 엄마가 재우는 게 아니야. 네가 스스로 자는 거야"라고 말해 주세요.

Q: 4세 여자아이를 키우는 엄마입니다. 집에 들어오면 팬티만 입고 엄마한테 오라고 해서 다리를 엄마 팔 사이에 끼워 비빕니다. 자위하는 것 같은데 이럴 때 엄마는 아이에게 어떻게 해야 하나요?

A: 자위라고 보는 것은 부모의 생각이고 아이는 놀이로 생각합니다. 아이들은 너무 좋아 흥분하면 그 놀이에 집중하는 특성이 있어, 우연히 경험한 특별하고 좋은 기억 때문에 이런 행동을 반복할 수 있습니다. 심심하거나 멍 때리고 있을 때 습관처럼 하는 경우가 많습니다. 실제 보육시

설에서도 책상 모서리에 비비거나, 잠들기 전에 자신의 몸을 탐색하기도 합니다. 아이가 심심해하거나 이런 행동을 하고 싶어 눈치 볼 때 즐겁게 놀이할 수 있도록 해야 하는데 탐색, 조작놀이보다 몸놀이(대근육놀이)가 좋습니다. 땀에 흠뻑 젖을 정도로 놀면 다른 생각은 하지 않으니 효과적입니다. 뛰어놀게 하거나 목표한 높이보다 더 높은 곳에 줄을 잡고 올라가게 하는 등의 성취감이 있는 놀이도 좋습니다.

Q： 7세 딸아이를 키우고 있는 50세 엄마입니다. 하루는 어린이집 부모참여수업이 있었는데, 아이가 엄마에게 참여수업에 안 왔으면 좋겠다고 하면서, 엄마가 다른 엄마들보다 나이가 많아 창피하다고 말했습니다. 아이의 말을 듣고 참여수업에 가지 않았는데, 혼자 곰곰이 생각해 보니 아이에게 서운한 마음도 들면서 기분이 우울했습니다. 이럴 때 아이에게 어떻게 말해야 할까요?

A： 아이가 왜 창피한지에 대해 자세히 이야기하도록 하고 그것 때문에 생기는 엄마의 불편함을 자세히 이야기해 주세요. 이 과정에서 반박이나 변명은 하지 마세요. 엄마도 딸이 부탁하는 것을 안 할 수 있다는 것을 알려 주세요. 아이가 자기 필요에 따라 되고 안 되고 하는 것이 있다면, 엄마도 마찬가지임을 알려 주는 것이 좋습니다.

Q: 7세 여자아이입니다. 엄마 출근길에 함께 어린이집 등원을 하여, 출근 시간에 맞춰 준비해야 합니다. 그런데 아침 일찍 일어나도 어린이집에 갈 준비를 하지 않습니다. 스스로 세수와 양치를 할 수 있고, 옷도 자기가 고른 옷만 입어 스스로 준비하도록 하는데, "어린이집 가자, 준비해!"라고 이야기해도 못 들은 척합니다. 아이에게 준비할 시간을 알려 주고 그때까지 준비하지 않으면 그냥 가겠다고 해도, 실컷 놀다가 나갈 시간이 다 되어서야 준비합니다. 또 엄마가 대신 옷도 꺼내 주고 씻는 것도 도와 달라며 떼를 씁니다. 집에 두고 나가려고 하면 울며 발목을 잡습니다. 출근 시간이 임박하면 엄마는 늦을까 봐 초조해져 아이에게 자꾸 화를 내게 되고, 아이 혼자 두고 가기 불안해 주섬주섬 챙기고 출근하는 아침이 매일 힘듭니다.

A: 아이를 떼쓰는 아이로 키울 것인지 아닌지는 엄마가 결정합니다. 떼를 많이 쓰는 아이는, 엄마가 떼를 더 많이 쓰는 아이로 성장할 조건을 만들어 주기 때문입니다. 아이가 떼쓰는 것이 편하기 때문에 떼쓰는 일이 늘어납니다. 단호히 대처하는 것은 후속 조치가 많기 때문에 엄마에게는 귀찮은 일입니다. 불편하고 어렵더라도 단호히 대처하고, 연령에 맞춰 안전한 범위 내에서 떼쓰지 않도록 하는 것이 좋습니다. 7세 아이면 보상으

로 성취하는 것이 좋기 때문에, 규칙과 칭찬스티커를 활용하는 게 좋습니다. 엄마가 게으르기 때문입니다.

Q : 7세 여자아이입니다. 위로 13세, 11세 된 오빠 두 명이 있습니다. 아빠는 막내인 딸의 애교에 매우 허용적입니다. 그것을 아는 아이는 뭔가 필요한 것이 있으면 아빠를 통해 얻어 냅니다. 남편은 허용적이라 무조건 뜻을 받아 주고 엄마는 그러지 말아야 한다고 합니다. 부모가 서로 양육의 관점이 달라 아이를 지도하기 힘든데 어떻게 해야 하나요?

A : 가정의 서열 순위를 아이들에게 알려 주세요. 특히 막내에게 "할 수 있는 것은 시키지 말고 막내인 네가 하는 거야"라고 자기가 서열의 꼴찌임을 알려 주세요. 허용적인 아빠로 막내와 잘 지내고 싶다면, 엄마와 오빠가 들어주지 않는 것들을 모두 아빠가 들어주어야 하는 불편함이 있습니다. 그것조차 즐겁다면 막내딸은 아빠가 잘 키우시면 됩니다.

Q: 7세 여자아이입니다. 외모에 관심이 많고, 커서 아이돌이 되고 싶다는 꿈을 가지고 있습니다. 아이는 날씬하고 예쁘고 젊은 어린이집 선생님을 좋아합니다. 선생님은 결혼도 하고 아이도 낳았는데 날씬하고 예쁘다며, 우리 엄마도 날씬하고 예쁘면 좋겠다고 합니다. 나를 돌봐 주지 않아도 되니, 선생님처럼 헬스장을 다니면서 운동도 하고 살도 빼라고 합니다. 엄마뿐 아니라, 자기 친구들 중에서도 뚱뚱한 친구들에 대해 이야기하며 날씬하고 예쁘지 않은 것을 부정적으로 말하는 아이에게 어떻게 대답하는 게 좋을까요?

A: 아이들이 유행을 따라가는 것은 좋은 현상입니다. 충분히 이해하지만, 그것은 아이의 일이고 엄마는 엄마의 행복이 있습니다. 아이의 말에는 공감해 줍니다. "엄마가 살이 찐 건 너희 밥해 주느라 그런 거다. 엄마도 살 뺄 테니 너희도 다 굶을래?"라고 깔끔하게 말해 주세요.

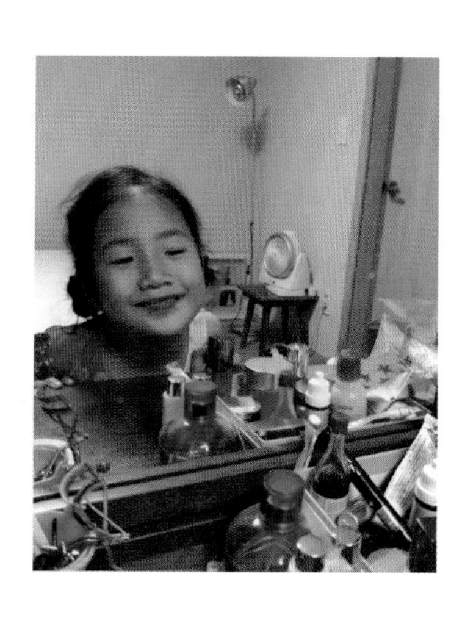

Q: 7세 아이를 키우고 있는 엄마입니다. 아직 아이가 글을 모릅니다. 관심도 별로 없어 보입니다. 어떤 부모는 따로 가르치지 않아도 배운다며 걱정하지 말라고 하고, 어떤 부모는 초등학교에 가기 전에 한글을 떼야 한다고 하는데 어떤 것이 좋을지 고민입니다.

A: 6세가 되기 전부터 한글을 깨우칠 필요는 없지만 6세부터는 한글 공부를 시작해도 좋습니다. 다음 해 초등학교에 입학하는 것을 아이들 스스로도 잘 알고 있기 때문에 관심 없는 아이라도 제안해 보는 것은 좋습니다.

Q : 저는 직장에 다니는 엄마입니다. 아이가 하루 종일 어린이집에 있는 게 미안한 마음이 들어 최대한 빨리 데려가려고 하고, 시간이 될 때마다 아이와 함께 놀아 주려고 하는데 쉽지 않습니다. 그럴 때마다 더 미안하고 죄책감이 들기도 합니다.

A : 직장을 다니는 부모의 마음은 비슷합니다. 휴식 시간은 아이와 성인 모두에게 필요하기 때문에 시간 관리가 중요합니다. 다만, 시간을 많이 사용해 아이와 함께 있는 것이 어렵다면 함께 있는 시간의 질

을 높이는 것이 중요합니다. 주어진 시간을 어떻게 활용할지 잘 계획해야 합니다. 아이의 욕구를 먼저 확인하고 부모의 여가 시간 안에 할 수 있는 놀이나 여행을 계획하세요. 차 안에서 함께 들을 음악이나 간식 등 자투리 시간조차 서로 의논하면서 준비하면 준비 시간도 부모와 함께한다는 느낌을 받게 됩니다. 즉, 시간의 질이 중요합니다. 시간을 내기가 어려운 것은 사실이지만 아이와 소통하며 사랑하는 마음을 전달하세요.

Q : 아침잠이 많은 아이를 깨워야 할까요?

A : 아이의 연령마다 수면 시간은 다릅니다. 충분한 수면은 피로한 몸을 회복하고 새로운 에너지를 충전시키기 때문에 꼭 필요합니다. 12~24개월은 13~14시간, 36개월은 12시간 정도의 수면이 필요하고, 활동량이 많은 경우에 낮잠도 필요합니다. 영아는 잠 자체가 생존에 필요한 과업이기 때문에 푹 재워야 하고, 3세 이상은 하루 일과를 계획적으로 할 수 있도록 지도해 주면 좋습니다.

수면 지도의 가장 좋은 방법은 일찍 자고 일찍 일어나는 것입니다. 보통 아이가 아침잠이 많은 것보다 늦게 자고 늦게 일어나는 경우 이런 고민을 하게 됩니다. 실컷 놀다 오면 밥을 먹다가도 숟가락을 물고 꾸벅꾸벅 조는 게 아이들입니다. 아이들이 늦게 자는 원인은 대부분 부모가 늦게 자기 때문입니다. 아이들이 일찍 자고 일찍 일어나게 하는 방법은 부모가 일찍 자고 일찍 일어나는 것입니다.

Q: 수면 분리는 언제가 좋을까요?

A: 수면 분리를 하는 원칙이 따로 있지 않습니다. 대략 초등학교 입학 시기부터 수면 분리를 하지만, 늦어도 고학년 올라갈 때는 하는 것이 좋습니다.

Q : 양치, 목욕은 언제부터 혼자 하나요?

A : 자조능력은 환경에 적응하고 일상생활을 해낼 수 있는 생존능력이며 독립심이 발휘되는 능력입니다. 아이의 발달에 따라 다르기 때문에 자녀의 발달 정도를 파악하는 것이 중요합니다. 돌이 지나면 혼자 양치하려는 아이가 많습니다. 삼켜도 되는 안전한 제품을 사용하여 혼자 양치하도록 하고 마지막 마무리와 물로 헹구는 것을 부모가 도와주세요. 목욕은 머리까지 감아야 하기 때문에 초등학교 이후 혼자 할 수 있습니다. 유아는 스스로 한다고 칭찬도 듣고 재미도 느끼기 때문에 잘하지만, 7세 이후부터 안 닦고 안 씻고 자려고 합니다. 언제부터 혼자 하느냐보다 꾸준히 할 수 있는 습관을 길러 주는 것이 더 중요합니다.

Q： 부모에게 존댓말을 쓰는 게 좋을까요?

A： 말을 배우는 아이들에게 존댓말과 평어의 차이는 없습니다. 존댓말이 어렵다거나 평어가 쉽다고 생각하지 않습니다. 그러므로 처음부터 존댓말을 쓰도록 가르칩니다. 어릴 때부터 존댓말의 형식으로 언어를 배운 아이들은 성장하면 존댓말의 형식 속에 어른들에 대한 존중을 담아냅니다.

Q: 뛰고 노는 아이와 층간소음이 걱정인 엄마입니다. 어떻게 하면 좋을까요?

A: 아파트에 거주한다면 아이가 집 안에서 뛰어선 안 되는 이유를 설명해 주고, 위반 시 단호하게 대처해야 합니다. 대신 바깥놀이를 통해 아이가 실컷 뛰어놀 수 있는 환경을 만들어 줘야 합니다. 아이가 뛰어놀 곳과 그러지 말아야 할 곳을 분별할 수 있도록 지도하는 것이 중요합니다.

Q : 8세, 9세 형제를 둔 엄마입니다. 퇴근하고 나면 많이 힘들고 지쳐 쉬고 싶은데, 집에 가면 아이들이 엄마랑 계속 놀고 싶다고 합니다. 엄마는 힘든데 언제까지 놀아 줘야 하나요?

A : 10세까지는 아이들이 부모에게 함께 놀기를 요구할 때가 많습니다. 에너지가 있는 부모는 놀아 주기도 하지만 쉽지만은 않습니다. 그럴 때는 아이들에게 이렇게 말해 보세요. "엄마는 너희와 놀고 싶지만 청소와 빨래를 해야 해. 너희가 빨래 개는 것과 장난감 정리를 함께 한다면, 30분 정도는 같이 놀 수 있을 것 같아. 어때?" 하고 한계를 정하고 아이들이 집안일에 자연스럽게 참여할 수 있도록 제안하면 좋겠습니다. 딱히 뭘 하지 않아도 부모가 곁에 있는 것만으로도 논다고 생각할 수 있습니다. 즐겁게 노는지, 재미없게 노는지 아이들도 느낍니다. 정한 시간 동안은 최선을 다해 놀아 주세요.

Q: 11세 남자아이입니다. 13세 형과 7세 여동생이 있는데 유독 엄마를 찾습니다. 저녁에 모임이나 회의가 있으면 "엄마, 어디에요? 언제 와요?" 하며 문자나 전화를 합니다. 그런데 막상 집에 일찍 들어가면 엄마와 함께 시간을 보내거나, 엄마에게 무엇을 요구하는 것은 없습니다. 그런데 늘 엄마가 늦는 것에 신경을 쓰고 엄마를 찾는 아이를 어떻게 바라봐야 할지 고민입니다.

A: 11세는 엄마가 없을 때와 있을 때의 생활양식이 다른 나이입니다. 엄마가 있으면 좋겠다고 생각할 수도 있지만, 엄마가 언제 올지를 알아서 엄마가 없을 때 해야 할 일을 하려고 하는 것일 수 있습니다. 예를 들면 게임을 더 하려고 하든지, 화장을 한다든지 등등.

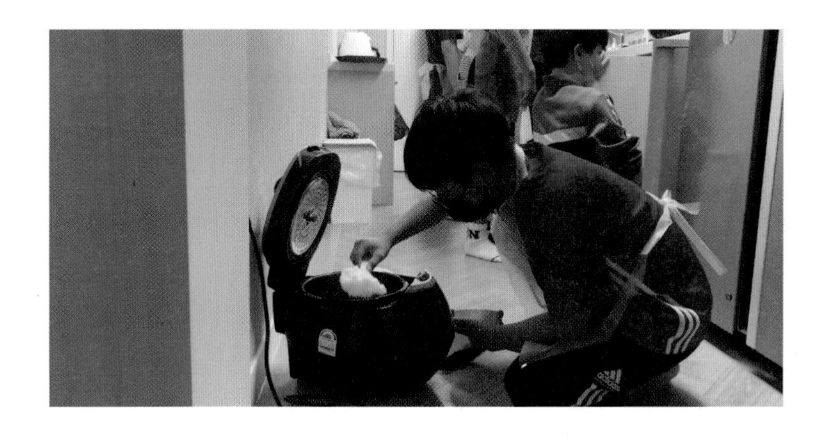

Q: 초등학교 4학년 남자아이인데 방 분리를 아직 못해서 엄마와 함께 잡니다. 잘 때 엄마에게 "손잡고 자요, 나하고 자요" 하고, 모임이 있어 늦게 들어가는 날이면 12시가 되어도 안 자고 기다릴 때도 있습니다. 엄마가 없으면 무서워서 불을 켜고 있고 잠이 안 온다고 말합니다. 나이로 봐서는 방을 분리해야 할 것 같은데, 아이의 이런 태도에 고민이 됩니다. 어떻게 하는 것이 좋을까요?

A: 4학년 정도면 혼자서 자야 하는 시기입니다. 부모가 방을 분리시켜 줘야 합니다. "이제 너는 혼자서 잘 수 있는 나이야"라고 말하면 아이는 스스로 할 수 있습니다. 아이가 성장했는데 여전히 어린아이로 여기고 끼고 자는 것은 부모입니다. 부모가 아이의 성장을 방해하고 있는 것은 아닌지 살펴봐야 합니다.

Q : 1학년 여자아이를 키우는 엄마입니다. 평일에는 하교 후 '모두학교'를 다니고 있어서 특별히 핸드폰이 필요치 않아 핸드폰을 사주지 않았는데, 같은 반 친구들은 다 핸드폰이 있다고 투덜댑니다. 핸드폰은 언제쯤 사주는 것이 좋을까요?

A : 새로운 기술 가운데 유일하게 핸드폰은 대다수의 교육가들이 해롭다고 말합니다. 그래서 핸드폰은 늦게 가질수록 좋습니다. 핸드폰은 다른 어떤 것보다 빨리 몰입되고 중독되기 쉽습니다. 최대한 늦게 사주되, 사줬을 때는 약속을 정하는 것이 좋습니다. 그러나 약속이 지켜진다는 것이 쉽지 않습니다. 부모도 사줬을 때는 각오하고 사주는 것이 좋습니다.

Q: 아이들이 싸울 때 큰아이와 작은아이에 대한 훈육은 어떻게 하는 게 좋을까요?

A: 다툼이 생겼을 때 부모가 견디지 못하고 빠르게 개입을 하면 안 됩니다. 아이들이 자신의 감정을 전달하고 표현하며 상대방의 이야기를 듣고 소통할 수 있는 기회를 빼앗지 말고 시간을 주세요. 사소한 다툼이 욕이나 폭력적 행동으로 나타나 분리가 필요하다는 판단이 들면, 분리시킨 후 각자 생각할 수 있는 시간을 주세요. 이후 서로에게 자신의 감정을 이야기하고, 다음에 다시 이런 일이 일어났을 때 어떻게 하면 좋을지 이야기하면 좋습니다.

3. 어린이집 아동 Q&A

Q: 6세, 4세 여자아이를 키우고 있습니다. 엄마는 어린이집에서 아이들끼리 싸운 일로 속상해합니다. 놀다 보면 싸우거나 다칠 수 있다는 것을 충분히 알고 있지만, 자기 아이만은 안 다쳤으면 좋겠다고 말합니다. 이런 엄마들과 어떻게 면담을 해야 할까요?

A: "아이들은 싸우면서 큰다"라는 옛말이 있습니다. 틀린 말이라면 시대를 거치며 사라졌을 텐데 지금까지 전해지고 있으니, 바꿔 말하면 아이들에게 '싸움'은 성장하는 데 중요한 경험을 준다는 뜻입니다. 아이들은 사소한 문제로 싸우기도 하고 힘겨루기도 해서 이기고 지는 경험을 합니다. 경험을 통해 서로를 더 이해하게 되고, 타협하는 방법을 터득하면서 자연스럽게 사회적 능력을 배우게 됩니다. 아이들의 싸움을 원천 봉쇄하거나 부모가 개입해서 판정을 내리고 싸움을 하지 못하게 한다면, 아이들에게 서로를 이해할 수 있는 기회를 뺏는 것이고, 사회적 능력을 키울 수 있는 기회도 차단하는 셈이 됩니다. 싸우지 않는 아이로 키우기보다는, 아웅다웅하며 사소한 일들로 다투더라도 서로 화해하고 문제를 해결하는 방법도 스스로 배워 나가는 아이로 키우는 것이 좋습니다. 물론 아이들이 크게 다치지 않도록 넓은 범위에서 안전을 관리하는 것은 어른들의 책임이겠지요.

| 비슷한 사례 |

Q : 저녁 식사 후 동일 연령의 두 남자아이가 유희실에서 잡기놀이를 재미있게 하다가 서로 때리는 싸움으로 바뀌었습니다. 웃으면서 손바닥으로 한 대씩 서로 때리고 도망가는 놀이를 하더니, 어느 순간 구석에 몰린 아이와 몰이를 하는 아이로 구분되었습니다. 구석에 몰려 맞는 아이는 "내가 너한테 맞는다고 질 것 같아?"라고 외쳤고, 때리는 아이는 구석에 몰린 아이의 어깨에 한 손을 올리고 때리면서 "그런다고 내가 안 때릴 것 같아? 빨리 항복해!"라고 말합니다. 손바닥이 주먹으로 바뀌는 것을 확인한 교사가 "이거 놀이니?"라고 묻자 갑자기 벌떡 일어나더니 서로 헤어집니다.

A : 놀이로 시작했지만 다툼이 생겼습니다. 성인은 놀이라도 맞고 나면 앙금이 생기지만 아이들은 그렇지 않습니다. 서로 헤어져 화장실 한번 다녀와서 함께 축구를 합니다. 축구가 즐거울 때 부모님이 오셨고, 서로 인사한 뒤 귀가했습니다.

Q: 5세 남자아이와 7세 여자아이를 키우는 엄마의 사례입니다. 어린이집에 다니는 6세 남동생이 계속 따라다니며 딸을 괴롭힌다고 연락을 하셨습니다. 두 아이를 따로 만났고 구체적으로 질문을 했습니다. 여자아이는 머리 정수리에 물을 떨어뜨리거나 툭 치고 웃으며 도망가서 기분이 나쁘다고 했고, 남자아이는 컵을 털다가 실수로 물이 튀었으며 지나가다 그랬을 뿐이라고 합니다.

A: 교사가 머리 정수리에 물을 뿌리는 행동과 컵을 흔들어 터는 행동을 보여 주며 똑같은지 물었습니다. 남자아이는 더 이상 변명을 못 하고 두 다리만 흔듭니다. 면담해 보니 남자아이가 누나를 좋아해서 짓

궂은 장난을 했던 것입니다. 좋아할 때 표현하는 방법을 모르거나, 관심받고 싶을 때 이런 행동이 있을 수 있습니다. 남자아이에게 짓궂은 행동은 긍정적인 관심을 받을 수 없음을 알려 주었습니다. 남자아이는 남동생의 속마음을 알게 된 후 사소한 장난에 너그러워져서 두 아이는 사이좋게 지냈습니다.

Q: 6세 외동 아들입니다. 지나가는 사람들(형, 누나, 동생, 교사)을 특별한 이유 없이 수시로 때리거나 밀치는 일이 자주 일어나, 상대가 아이인 경우 다치거나 웁니다. 이런 아이를 어떻게 지도해야 할까요?

A: 선천적 질환이 있어 수술을 했고 현재 언어치료 중입니다. 인지능력은 정상이지만 해당 남자아이가 하는 말을 다른 아이나 교사가 이해하지 못할 때가 있어 답답해서 일어나는 행동인 경우가 있습니다. 1년 전에 입소했는데 이전에 다녔던 교육기관에서 소통이 안 되면 때리는 행동을 반복적으로 하여 습관처럼 옆에 있는 아이나 지나가는 아이를 툭 치기도 합니다. 해당 남자아이에게는 다른 사람이 못 알아들을 수 있다는 점을 이야기하며, 화나거나 답답하다고 빠르게 이야기하기보다는 천천히 이야기하도록 지도했습니다. 통합연령팀을 구성한 이후 반의 분위기를 살피거나 팀원들의 눈치를 보기 시작하면서 때리는 행위가 줄어들었습니다.

| 비슷한 사례 |

Q: 6세 남자아이가 7세 남자아이를 툭 치고 도망가는 행동을 여러 번 반복했고, 7세 남자아이는 처음에는 "하지 마!"라고 단호히 말을 하다가 결국 더 이상 못 참고 "너! 나랑 이야기 좀 하자"라며 붙잡았습니다. 그러나 6세 남자

아이가 오히려 약 올리며 도망치자, 교실에 있던 7세 아이들에게 큰 소리로 말합니다. "얘들아! 나 OO이랑 할 말이 있는데 OO 좀 붙잡아 줘." 그 외침을 들은 7세 남자아이 두 명이 도망가는 아이를 붙잡았고, 6세 남자아이가 힘도 좋고 몸부림치자 매트 바닥에 눕혔습니다. 계속 몸부림치며 싸움이 일어나 6세 남자아이는 턱선, 세 명의 7세 남자아이는 양팔, 얼굴 등이 긁혔습니다. 교사의 개입으로 싸움은 멈췄고 사무실에서 약을 발라 주었습니다. 6세 남자아이는 억울한 듯 큰 소리로 울고, 7세 남자아이들은 의기양양해서 "우리는 하나도 안 아픈데~ 너 또 때리면 우리가 이제 막을 거야"라고 단호하게 말했습니다. 그 후 엄마들과 전화 통화 중 한 분의 엄마가 이 사건으로 두 번 연락을 하셨고 부모들끼리라도 이 사건을 계기로 대책을 마련해야 하나 고민을 하셨습니다.

A : 통합연령팀을 구성한 지 얼마 안 되어 6세 남자아이가 팀리더를 귀찮게 했던 사건입니다. 7세 남자아이가 혼자의 힘으로 동생을 붙잡지 못하자 다른 친구들의 도움을 받아 흔히 말하는 '혼쭐'을 내는 과정이었습니다. 이 사건을 계기로 6세 남자아이는 때리기 전에 참는 행동을 하거나, 7세 남자아이들의 눈치를 보기 시작했습니다. 아이들 스스로 문제를 해결하는 과정에서 7세 남자아이들이 리더가 되었다는 자의식이 생겼고, 지켜보던 동생들도 어려운 문제가 생기면 형들에게 도움을 요청하게 되었습니다. 아이들 싸움을 부모가 해결하기보다 어린이집에서 생긴 일은 어린이집에 맡기자는 부모들의 신뢰가 확인되었던 좋은 사례입니다. 모든 사회는 서열구조를 가지고 있습니다. 이 일은 사회의 서열을 확인하고 서열에 맞는 사회적 행동을 이해하게 하는 중요한 사례입니다.

Q: 6세 남자아이이며, 외동입니다. 잘 놀다가 관심받고 싶은 마음에 "다리 아파" 하고 원장에게 왔습니다. 의자에 앉으라고 이야기했더니 안색이 변하면서 "흥" 하고 교실로 돌아갔습니다. 관심받고 싶어 하는 아이가 사무실로 자주 오는데 어떻게 지도하면 좋을까요?

A: 동일 연령보다 인지발달이 늦고 외동아의 특성이 강합니다. 교실에 있고 싶지 않을 때 혼자 밖으로 나와 사무실로 오거나 유희실에서 혼자 놀기도 합니다. 사건 당일에도 사무실에 들어와 책이나 CCTV를 보고 "여기 봐" 하거나, 여기저기 호기심이 생긴 곳을 오가며 혼자 놀고 있을 때, "교실로 가서 친구들과 놀아야지" 하는 원장의 말에 갑자기 "다리 아파"라고 핑계를 대며 교실로 가려고 하지 않았습니다. 평소처럼 다리를 주물러 주거나 밴드를 붙여 주면 계속 사무실에 있을 것 같아 "아프면 걸어 다닐 수 없으니 의자에 앉아 있다가 괜찮으면 교실로 가"라고 했습니다. 기대했던 반응이 나오지 않자 아이는 삐졌다는 표현으로 "흥" 했고, 앉아 있기보다 돌아다니는 쪽을 선택하고 교실로 돌아갔습니다. 놀이 시간에 혼자 놀이하는 것보다 여럿이 함께 놀고 하나의 목표로 협력하며 서로를 신뢰하는 경험이 필요합니다. 아이의 욕구를 무조건 해결해 주기보다 꼭 해야 하는 것이 있음을 알려 주는 것이 필요합니다.

| 비슷한 사례 |

Q : 6세 남자 외동아이를 키우고 있는 부모와 면담을 했습니다. 교실에서 친구들과 놀기보다 유희실이나 영아 보육실, 사무실에 자주 돌아다니며 혼자놀이를 합니다. 어떤 날은 가방을 내려놓지 않아 하루 종일 메고 지냈으며, 자기 뜻대로 안 되면 바닥에 누워 "아니야, 아니야!", "싫어!" 하고 외쳤습니다. 아이가 원하는 것을 이야기할 때는 상대를 바라보지만, 그렇지 않을 경우 '못 들었나?' 생각될 정도로 행동하거나 아래를 보고 대답합니다. 가정에서의 생활을 물어보니 어린이집에서 보여 줬던 행동들을 아빠에게는 하지만 엄마에게는 전혀 하지 않는다고 합니다. 엄마는 아이의 행동에는 다 이유가 있고, 엄마에게 다 이야기하기 때문에 특별히 문제가 없다고 했습니다.

A : 아직은 사회적 능력이 부족하기 때문에 엄마를 제외한 다른 사람들과 관계 맺는 것을 어려워합니다. 아이들은 서로 놀면서 생기는 갈등을 통해 많은 것을 배웁니다. 사회적 능력이 부족하여 갈등 자체가 두렵거나, 회피하기 위해 울거나, 함께 놀지 않는 등의 여러 가지 행동을 선택적으로 할 수 있습니다. 사회적 능력을 높이기 위해 놀이 환경을 다양한 방법으로 제공하였으나 긍정적인 변화가 없다면 다른 원인이 있는지 전문가의 정확한 진단을 받는 것이 중요합니다.

Q: 말이 느려 언어치료를 받는 6세 여자아이입니다. 첫째이구요. 아이들과 놀이 중 표현언어가 안 되어 놀잇감을 엎어 버리거나 블록을 부수는 경우가 많아 친구들이 함께 노는 것을 싫어합니다. 아이는 더 놀고 싶어서 다른 아이들을 쫓아다니고 다른 아이들은 괴롭힘을 당한다는 생각을 합니다. 아이에게 어떻게 하면 좋을까요?

A: 언어치료를 받고 있지만 아직까지 소통이 어렵습니다. 자신과 놀아 주지 않을 경우 화났다는 표현으로 이런 행동이 일어나고, 이런 행동을 할 때마다 상대 아이들은 피하려고 합니다. 언어치료의 효과가 다른 아동에 비해 크지 않아 다른 검사를 받도록 부모님과 상담하였고, 현재 초기 ADHD 진단을 받고 약을 처방받아 복용하고 있습니다. 약 복용 이후 언어치료의 효과도 늘었고 놀이에 대한 집중도가 높아졌습니다. 놀이 친구가 생겼고 소꿉놀이 때 동생이나 아기 역할 등을 하며 즐겁게 놀이 참여를 하고 있습니다.

| 비슷한 사례 |

Q: 언어발달이 약 10개월 늦은 6세 남자 외동아이의 사례입니다. 교실에서 친구들과 놀기보다 유희실에서 자동차를 타거나 높은 책장에 올라가 뛰어내

리는 놀이를 합니다. 교사가 오면 도망 다니고 숨어 버려서 어느 순간 숨바꼭질이 됩니다. 어느 날 아이가 놀고 나면 벽 모서리 바닥에 물기가 있어 물인지 소변인지 하루 정도 관찰해 보니 해당 남자아이가 구석에서 소변을 본다는 것을 알게 되었습니다. 며칠 전까지 화장실에서 잘 해결했는데 갑자기 이런 행동을 해서 교사들이 당황했습니다.

A : 아이들의 퇴행적 돌발행동은 주로 타인의 관심을 끌기 위한 것입니다. 보호자와 상담 후 발달검사를 했고 언어발달이 약간 늦다는 사실을 확인했습니다.

전문기관에서 언어 지도 후 자기표현이 늘고, 친하게 된 아이들과 놀이를 즐기면서 혼자 놀이하는 것과 구석에서 소변보는 것이 사라졌습니다. 전문기관의 치료가 아이에게는 관심으로 느껴졌을 겁니다. 이런 관심 때문에 그 이후로 퇴행적 행동은 하지 않았습니다.

Q : 어린이집 6-7세 아이들이 글공부를 하고 싶은데, 한글 특별활동은 어린이집에서 하지 않고 있습니다. 자유놀이 중 한글을 잘 쓰는 아이들한테 물어봐 또래끼리 한글을 익히는 경우가 많습니다. 어린이집에서 한글 공부를 별도로 해야 할까요?

출처 : http://www.ydpccic.or.kr/bbs/board.php?bo_table=s4_5&wr_id=37

A : 5-7세 혼합연령반으로 구성되어 언어 발달의 차이가 큽니다. 글을 읽고 쓰는 아동들을 부러워하면서 글에 대한 호기심도 많이 생겼습니다. 어린이집에서는 한글 공부 시간이 별도로 없지만 자유놀이 시간에 한글 공부에 대한 욕구가 생긴 아동들은 스스로 할 수 있도록 격려하고 있습니다. 7세 여자아이가 교사 역할을 하며 노트에 적고 읽어 주면 동생들이 듣고 가서 따라 쓰기를 합니다. 여러 번 써보고 다시 다른 글자를 써달라고 여자아이 옆쪽으로 길게 줄을 섭니다. 줄이 길어 교사들이 도와주려고 했더니 오히려 거부하고 계속 줄을 서서 순서를 기다립니다. 아이들끼리 해도 교육입니다. 교사가 하는 것보다 아이들끼리 하는 것이 재미있고 효과가 더 좋습니다.

Q: 친밀한 관계의 7세 여자아이와 남자아이가 있습니다. 어린이집에서 놀다가 남자아이를 자기 마음대로 휘두르는 여자아이의 모습을 지켜보던 다른 부모님이 "남자아이 부모님이 알면 속상하겠다"는 말을 했습니다. 이게 속상한 일일까요?

A: 동일 연령인 경우, 남자아이보다 여자아이의 성장 속도가 빠릅니다. 자신의 발달 단계에 맞게 놀기 때문에 발달이 늦은 남자아이에게 여자아이가 지시하는 경우가 발생할 수 있습니다. 성인은 놀이를 주

출처 : https://m.post.naver.com/viewer/postView.nhn?volumeNo=17926514&memberNo=414791&searchKeyword=%EC%B9%9C%EA%B5%AC&searchRank=303

도권의 문제로 보기 때문에 남자아이가 여자아이 때문에 휘둘리거나 주눅이 들었다고 생각할 수 있습니다. 실제 놀이에 참여한 아이들은 그런 생각을 하지 않고 자신의 발달 단계에 맞게 놀기 때문에 특별한 문제가 없습니다. '휘둘린다'로 바라보면 교사가 놀이를 방해하거나 중지시켜야 하는 상황이 발생하는데, 교사 입장에서 둘이 재미있게 놀고 있다고 보기 때문에 특별한 조치를 하지 않았습니다.

Q: 4남매 중 막내 7세 남자아이입니다. 대소변 문제가 없었는데 갑자기 변기에 손을 넣고 자기가 싼 똥을 만지더니 벽에 바르며 놀았습니다. 보육교사가 급하게 화장실을 청소했고 또래 친구들은 그 사실을 알지 못합니다. 앞으로 이런 경우가 자주 발생하면 어떻게 해야 하나요?

A: 평소 대소변 문제가 없는 아이라서 그 시간 심심해서 똥으로 놀았다고 생각됩니다. 제일 먼저 벽에 칠해진 것을 목격한 교사가 다른 아이들의 이용이 불편할 수 있어 청소를 했습니다. 해당 남자아이에게 물어보았으나 자신이 안 했다고 했고, 교사가 벽에 칠하는 것을 본 것이 아니어서 당일 이에 대한 지도는 이루어지지 않았습니다. 다음 날 유희실에서 술래잡기를 교사와 할 때 같이 숨은 장소에서 이야기를 나눴습니다. "혹시 어제 벽에 똥이 묻었었는데 너는 봤니?" "아니요. 근데 왜요?" "화장실에서 똥 냄새가 많이 나서 물어봤는데 00 옆에서 똥 냄새 난다고 그랬거든. 친구들이 너를 의심하고 똥쟁이라고 놀릴 것 같아 걱정되어 물어본 거야, 선생님이 어릴 때 그런 친구가 있었는데 그 아이 별명이 똥쟁이가 되었거든." 그랬더니 아무 말이 없었습니다. "어쨌든 아이들은 냄새도 맡고 볼 수도 있는데 네가 아니라니 다행이다"라고 말해 주었습니다. 이후에는 화장실 벽이 오물로 더럽혀지지 않았는데 친구들이 별명을 부르며 놀릴 것 같아 장난을 멈춘 것으로 보입니다.

Q: 하원 시간의 자유놀이 시간입니다. 보호자가 데리러 오면 1-4세 아이들은 바로 신발을 신고 따라가는데 5-7세 아이들은 더 놀겠다고 떼쓰는 아이와 잘 따라가는 아이로 나뉩니다. 왜 이런 차이가 있을까요?

A: 영아는 혼자놀이, 병행놀이를 주로 합니다. 이는 아동 간의 상호작용보다 자기 중심의 독립적으로 하는 놀이가 많습니다. 사회적 미성숙의 결과가 아닌 정상적인 놀이의 형태로 자기 주도적으로 독립적인 시간을 활용해서 놀이할 수 있는 안전한 돌봄 환경을 만들어 주어야 합니

다. 피로감이 오거나 쉬어야 하는 하원 시간대에 정서적으로 애착관계인 부모가 왔을 때 반가워하는 것이 당연하다고 볼 수 있습니다. 유아는 여러 명이 공동의 목표를 달성하기 위해 함께하는 협동놀이와 연합놀이 중심으로 사회적 놀이를 즐깁니다. 부모보다 친구들과 함께하는 놀이에 관심이 많고 욕구도 강합니다. 놀이 과정에서 활발한 상호작용이 일어나고 인지발달과 사회성이 발달하게 되는데 그만큼 놀이에 집중도가 높아져 부모가 왔을 때 놀이가 중단되기 때문에 집에 가기 싫어합니다. 부모와 교사는 아이들이 노는 모습을 보고 발달 과정을 파악하는 것이 중요합니다. 유아는 아파서 컨디션이 안 좋을 때, 놀이에 집중하지 않고 있을 때, 사회성이 좀 늦게 발달하는 경우 바로 귀가하려고 하지만, 놀이가 중단되면 속상해하는 아동이 대부분이므로 놀이를 마무리하는 시간을 주면 아이 스스로 규칙과 약속을 지켜 즐겁게 하원할 수 있습니다. 유아가 더 놀고 싶어 속상해할 때 부모나 교사가 "00분만 더 놀고 집에 가자"고 하면 아쉬운 마음이 있지만 친구와 내일 만날 것을 약속하고 헤어지는 것을 자연스럽게 하게 됩니다.

Q: 나들이나 부모참여 활동을 할 때 가족인 자녀와 부모를 한 팀으로 묶었더니 아이들이 떼를 쓰거나 고집을 부려 부모들이 힘들어합니다. 부모와 자녀들이 함께하는 활동을 계획할 때 팀 구성을 어떻게 하면 좋을까요?

A: 부모와 자녀를 한 팀으로 조를 구성하니 자녀는 부모에게 의지하거나 자신의 부모라고 자랑하게 되는 현상이 생깁니다. 부모가 참여하지 않은 아동들은 자신의 부모를 원망하는 말을 하기도 했습니다. 부모참여 활동할 때 자신의 자녀가 없는 반 또는 팀에서 활동할 수 있도록 구성해야 합니다. 나들이 이후 부모가 일일교사로 참여했던 유아반 학부모가 있었는데 영아반에서 2시간 참여했습니다. 이후 물놀이 행사로 다시 만났을 때 영아들이 낯설어하지 않고 '아빠 선생님'이라고 부르며 반가워했습니다. 학부모가 자신의 자녀처럼 다른 부모의 자녀들을 돌보는 경험을 하며 함께 키우는 즐거움을 느끼고 의미 있는 시간을 보냈습니다.

Q: 4형제 중 막내로 7세 남자아이입니다. 물놀이 행사가 있는 날 직장 다니는 엄마에게 어린이집 안 간다고 1시간 동안 울었다고 합니다. 출근을 해야 하니 아무리 울어도 OO는 어린이집 물놀이 가야 한다고 하며 어린이집을 보내셨습니다. 관광버스를 타기 전까지 울먹이며 심통 내고 안 따라간다고 합니다.

A: 물놀이 간다, 안간다의 문제보다 엄마와의 다툼에서 지고 화풀이를 어린이집에 하고 있습니다. 아이의 컨디션이나 요구가 물놀이를 안하는 것이라면 어린이집에 남아 실내놀이 하는 방법도 있음을 엄마에게 안내했으나, 엄마는 집에서 안 된다고 아이에게 말했기 때문에 꼭 물놀이를 보내 달라고 하셨습니다. 교사가 "물놀이 안 하고 싶으면 안 해도 돼. 수

영장은 다 가기로 약속한 것이니 따라가고 00 친구만 매트에 앉아서 물놀이 안 하고 끝날 때까지 앉아 있다가 어린이집으로 다시 돌아오면 돼"라고 말했습니다. 오기를 부려도 꼭 가야 하는 상황이라는 생각을 한 듯 찌푸린 얼굴로 버스에 올라탔는데 버스에서 내린 아동은 바로 수영장으로 뛰어가서 물놀이를 즐겁게 했습니다. 떼쓰는 아이를 엄마가 잘 지도한 경우라고 생각합니다.

| 비슷한 사례 |

Q : 사례 11의 동일 아동입니다. 2주 후 체험형 미술놀이터 활동을 하기 위해 아이들이 신발을 갈아 신는데 해당 남자아이가 눈물을 뚝뚝 흘렸습니다. 이유는 공원에서 비눗방울 놀이나 물총놀이를 하자는 말을 듣고 물놀이를 안 가겠다는 것이었습니다. 예전에 잘 놀던 아이가 울어서 "안 가고 싶은 이유가 뭘까?" 하고 물어봤습니다. 물놀이 안 갈 거야만 반복했던 아이가 어느 순간 '크록스'라고 말했습니다. 물놀이가 싫은 것이 아니라 크록스가 없기 때문에 가기 싫었던 것임을 알았고, 어린이집에 여벌로 있던 아쿠아 신발을 신겨 주자 눈물을 멈추고 기분 좋게 따라갔습니다.

A : 아이의 자기표현은 내면에서 일어나는 실제 상황과 매우 다릅니다. 드러나는 특정한 말보다 깊이 들어가면 갈수록 다른 원인이 있을 수 있습니다. 아이를 이해하고 행동이나 현상에 대한 원인을 잘 파악하는 것이 중요합니다.

Q : 편식하는 6세 외동 남자아이입니다. 점심을 거의 안 먹고 귀가해서 엄마에게 전화했습니다. 점심을 못 먹고 집으로 오는 날이 많아 어린이집에서 별도로 계란프라이라도 해줄 수 있는지 물어보셨습니다.

A : 편식의 문제도 있지만 배고픔이 느껴질 정도로 놀이 활동이 활발하지 않다는 것도 원인일 수 있습니다. 식단표에 의해 배식이 이루어지고 보존식을 관리하고 있으며 알레르기로 인해 섭취가 불가능할 경우를 제외하고, 개인의 선호도에 의해 식단을 조정하는 일은 매우 어렵습니다. 제공된 음식 중 일부 못 먹더라도 나머지 음식을 먹도록 지도하는 것이 좋습니다.

4. 모두학교 초등학생 Q&A

Q: 모두학교에는 그동안 남자아이들이 많았고 여자아이들이 적었습니다. 여자아이들은 대부분 바지만 입고 다녀 오빠들이 있다고 특별히 불편해하지 않았습니다. 8세 여자아이가 새로 왔는데 그동안 모두학교에 없었던 화려한 의상(반짝이 옷이나 화려한 무늬의 치마, 바지, 가방 등)을 입고 다닙니다. 아이들이 그 아이에게 예쁜 척한다고 그러지 말라고 하면서 싫어합니다. 아이들에게 어떻게 말해 주면 좋을까요?

A: 아이가 돋보이니까 질투하는 것입니다. 특별히 눈에 띄는 아이가 없이 지내다가 튀는 아이가 생기니까 관심을 두는 것입니다. 시간이 지나면 그런 모습조차도 평범한 일상이 되어 관심을 두지 않습니다.

Q: 4-6학년 남자아이들이 동생이나 친구, 형에게 '그라가스 같다'고 하거나 다른 아이의 이름을 대며 '걔 닮았다'고 외모를 가지고 놀렸습니다. 놀림당한 아이가 너무 싫어하는데 교사가 어떻게 말해 줘야 할까요?

A: 함께 노는 무리의 결속력이 높은 시기입니다. 한 아이가 다른 아이를 놀리거나 할 때, 같이 노는 무리에서 같은 방법으로 아이들을 놀리는 것입니다. 동질감을 갖고 있다는 표시이기도 합니다. 그러나 놀림을 받는 아이의 경우, 그것이 극도로 싫어서 힘들 수 있습니다.

Q: 12세 남자아이입니다. 모두학교와 가정에서 자기보다 나이가 어린 특정 남동생들과 놀다가 동생들에게 놀림을 받는 경우가 있습니다. 그 아이는 체격이 좀 작아서 힘이 세지는 것이 소원입니다. 체격이 작으니 아무리 동생에게 뭐라고 해도 동생들은 두려워하지 않고 욕하고 함부로 합니다. 두 아이를 어떻게 가르쳐야 할까요?

A: 함께 살고 있는 9세 남동생에게도 맞는다고 부모로부터 이야기를 들었습니다. 모두학교에서 그 아이를 만만하게 보는 10세 동생은, 평소에 잘 놀다가 말장난에서 다툼으로 이어지면 대들고 욕하며 때리는 행동을 서슴지 않습니다. 서열(나이)화시켜서 형의 권위를 세워 주는 것이 중요합니다. 힘이 약해서 동생들이 만만하게 본다면, 자기보다 나이 많은 형에게 이야기해서 도움을 요청하라고 합니다. 동생들에게 "이 형한테 까불지 마. 다음에 또 그러면 가만 안 두겠어"하고 말해 줍니다. 형들이 봐주니까 때리지 않는 것이라고 말해 줍니다. 동생에게는 "형이 착하니까 너 안 때리는 거야. 둘이 있으면 형이 이기겠어? 네가 이기겠어? 형한테 함부로 하면 너만 손해야"라고 말해 줍니다.

Q : 13세 남자아이입니다. 고집이 있고 초등학생들 사이에서는 가장 힘이 세다고 스스로도 생각하고 있습니다. 갓 입사한 교사나 사회복무요원, 자원봉사자에게 반항적인 느낌으로 덤비거나 말장난을 합니다. 계속되는 장난에 교사들은 그만하라고 합니다. 그럼에도 계속 장난하는 아이를 어떻게 지도해야 할까요?

A : 사춘기 초기의 행동입니다. 어른들에 대한 반항심을 표현함으로써 자기의 주체성을 확립하는 것입니다. 해결 방법은 아이를 어른으로 생각하고 대응해야 합니다.

Q: 초등학생 4-6학년까지 매일 20~30분씩 독서를 합니다. 6학년 남자아이가 책을 잘 읽지 못해 한참을 끊어 읽고 멈추는 등 한 문장을 단숨에 읽는 게 어렵습니다. 그 모습을 지켜보는 동생들이 많이 답답해하는데 수준에 맞게 나눠서 책을 읽어야 하나요?

A: 글공부는 수준별로 하는 게 좋습니다. 차이가 나면 잘하는 아이도 뒤로 처지고 못하는 아이는 계속 주눅 들어 성장하기 어렵습니다. 아이들의 발달 속도는 개인차가 심하므로 글공부도 연령 통합적으로 진행하는 것이 좋습니다.

Q : 10세, 11세 남매입니다. 용돈이 떨어졌는데 필요한 것이 있어 설거지나 안마를 하고 심부름 값을 받기를 원합니다. 부모가 아이들의 요청에 수락하고 집안일을 시키고 심부름 값을 주는 게 좋을까요?

A : 용돈이 필요할 때 떼쓰지 않고 뭐든 해서 벌려고 하는 마음이 긍정적입니다. 용돈으로 줄 만한 집안일이 있는지 점검해 보는 게 좋겠습니다. 설거지나 안마 같은 것은 용돈벌이로 하기보다는 집에서 함께 사는 사람들이 나눠서 할 수 있는 집안일일 수 있습니다. 범위와 한계를 정해서 용돈을 벌 수 있는 일을 정해 보면 좋겠습니다.

Q: 11세 남자아이인데 학교에서 친구에게 생일선물로 2만원을 받았습니다. 11세 아이가 너무 많은 현금을 친구에게 준 것 같아 1만원은 갖고 싶은 공을 사고 1만원을 돌려주라고 이야기했습니다. 4학년 아이가 생일선물로 2만원을 받았을 때 기쁘게 받아야 할까요? 부모로서 그 돈이 너무 과하고 돈이 주는 느낌이 선물과는 다르게 느껴집니다.

A: 돈을 받는 것은 문제가 안 됩니다. 돈의 액수만큼 어떤 물건으로 선물을 받는 것과 똑같습니다. 선물은 되고 돈은 안 된다는 것은 없습니다. 돈이 제일 실용적입니다. 친구들과 관계가 그 금액을 받을 만큼 좋다는 의미로 생각하면 좋겠습니다.

Q : 11세 쌍둥이 엄마입니다. 엄마가 기분이 안 좋을 때 아이들에게 쏘아붙이는 경우가 있습니다. 알면서도 그렇게 했을 때 마음이 좋지 않습니다. 엄마의 감정을 푸는 방법과 아이에게 한 행동에 대해 아이와 다시 이야기를 해야 할까요?

A : 아이들을 내 맘대로 하려고 하기 때문에 나타나는 현상입니다. 제일 만만한 상대가 아이라고 생각하는 것이죠. 화풀이 대상으로 아이들에게 쏘아붙였다가 다시 '엄마가 오늘 기분이 안 좋아서 그랬어. 미안해' 하며 사과하는 것은 아이들에게 엄마를 자기 뜻대로 할 수 있는 빌미를 제공해 주는 것과 같습니다. 엄마는 감정을 푸는 다른 방법을 찾아 보면 좋겠습니다. 기분이 안 좋을 때는 아이들에게 미리 이야기해서 조심하게 하거나 만나지 않습니다.

Q: 13세 남자아이인데 아빠와 조부모랑 같이 살고 있습니다. 몸에서 냄새가 많이 나서 교사들이 집에서 옷 갈아입고 오게 하거나 계절에 맞게 옷을 사서 입히기도 하지만 냄새가 사라지지는 않습니다. 아빠에게 말하고 잘 씻으면 좋겠다고 하는데 실행은 안 되고 있습니다. 오래 묵은 냄새가 나는 것이라 생각하는데 다른 아이들은 그런 냄새가 나는 아이에게 아무 말 안 하고 지내고 있습니다. 2학년 남자 동생들과 딱지치기 등을 하며 잘 놀지만, 또래나 고학년들과는 같이 노는 일이 거의 없습니다. 사춘기 아이에게 '씻어라, 옷 갈아입고 와' 등의 말을 계속해야 할까요? 아빠에게 이야기하면 집에서 아이의 행동이나 말에 혼을 냅니다. 그래도 아빠에게 계속해서 아이의 위생에 대해 이야기하는 게 맞을까요?

A: 13세는 스스로 몸을 관리할 수 있는 나이입니다. 오랫동안 아이도 자기에게서 냄새가 난다는 말을 많이 들어서 주눅 들어 있을 수 있습니다. 교사가 아이의 씻는 것을 살펴서 씻는 방법을 잘하고 있는지 점검해 보고, 옷에서 나는 냄새는 땀이 많아서 날 수도 있고 세탁이 잘 안돼서 나는 것일 수 있으므로 반드시 부모(보호자)에게 이야기하고 세탁을 잘해 달라고 전달합니다. 자존감이 떨어지고 계속 눈치 보는 아이가 되지 않도록 보호자에게 협조 요청하면 좋겠습니다.

Q: 0513활동을 하던 중 활동 장소에 엄마가 나타났습니다. 잘 놀던 아이가 엄마를 보자 울면서 엄마에게 다가가 활동이 어려워져 리더들이 동생을 어쩌지 못하고 어려워했습니다. 엄마가 오면 어린아이들은 잘하다가도 어리광을 부리며 엄마에게 다가가니 일부러 오지 않기를 부탁했습니다. 부모들을 활동 가드 역할로 참여하게 할 때 어떤 준비가 필요한가요?

A: 부모가 일일양육교사로 활동할 때 자신의 아이가 있는 경우는 참여하지 않는 것을 원칙으로 하는 것이 좋습니다. 어린아이일수록 부모를 보면 따라가거나 울거나 해서 전체 활동에 영향을 주어 역동이 깨집니다.

Q: 0513활동이 싫다고 왜 하냐며 불만이 많은 리더들이 많습니다. 0513활동을 하기 싫어하고 동생들을 돌보는 게 귀찮고 하기 싫다고 하는 아이들을 설득할 수 있는 방법이 있을까요?

A: 아이들의 자발성에 의한 활동인지 점검해 봅니다. 교사나 부모 참여가 아닌 아이들끼리의 커뮤니티를 만드는 것이니만큼 아이들 스스로 자부심이 있는지 살펴보면 좋겠습니다. 형이니까, 누나니까 해야 한다고 말하고 활동할 때마다 무한 칭찬해 주고 맛있는 것도 사 주면서 격려합니다. 또한 어린 동생들이 형, 누나에게 호감을 보이고 있다는 것을 계속 말해 주어 아이들이 인기가 있다는 것을 알게 해줍니다. 노는 것 좋아하고 까불고 싸우는 일이 많은 아이들이 동생들의 높은 관심으로 부모와 교사에게 칭찬과 격려를 받는다면 싫고 귀찮아도 해야 하는 일임을 스스로 인지하게 됩니다.